CONS

MW01697818

Cocine con

POLLO

101 CONSEJOS ESENCIALES

Cocine con

POLLO

Anne Willan

GRUPO ZETA

Javier Vergara
Buenos Aires / Madrid / México / Quito
Santiago de Chile / Bogotá / Caracas / Montevideo

A DORLING KINDERSLEY BOOK

Traducción
Adelaida Ruiz

Coordinadora de realización
Elsa Mateo

Composición
Taller del Sur

Título original: *Cooking with Chicken*

Primera edición en Gran Bretaña en 1996
por Dorling Kindersley Limited,
9 Henrietta Street, Londres WC2E 8PS

© 1996, Dorling Kindersley Limited, Londres
© de la traducción: 1997, Javier Vergara Editor, s. a.

ESTA ES UNA COEDICION DE JAVIER VERGARA EDITOR, S. A. CON DORLING KINDERSLEY LTD.

Edición especial para América Latina, Estados Unidos y Canadá

ISBN 950-15-1773-X

Primera edición: 1998

Todos los derechos reservados.
Esta publicación no puede ser reproducida, ni en todo ni en parte, ni registrada en o transmitida por, un sistema de recuperación de información, en ninguna forma ni por ningún medio, sea mecánico, fotoquímico, electrónico, magnético, electroóptico, por fotocopia o cualquier otro, sin el permiso previo por escrito de la editorial.

Reproducido en Singapur por Colourscan

Impreso y encuadernado en Italia por Graphicom

101 CONSEJOS ESENCIALES

PÁGINAS 54 a 59

ENSALADAS Y PLATOS FRÍOS

PÁGINAS 60 a 61

ARROZ Y FIDEOS

PÁGINAS 62 a 65

SOPAS Y CALDOS

PÁGINAS 66 a 69

SALSAS

LOS SECRETOS DEL POLLO

1 ELEGIR EL POLLO

Actualmente existen muchas variedades de pollos, tanto frescos como congelados. La piel no debe estar manchada y debe ser suave, y la pechuga debe ser redondeada. Los pollos de granja son más caros pero tienen mejor sabor y textura. Pueden identificarse por su generosa capa de grasa bajo la piel.

La piel del pollo debe tener color suave y ser húmeda al tacto

La pechuga debe ser redondeada y, en las aves jóvenes, su hueso debe ser flexible.

2 ALMACENAR EL POLLO

Casi todos los pollos se venden pelados y eviscerados. Los menudos (el cogote, la panza, el corazón y el hígado) a veces se envuelven por separado y son puestos dentro de la cavidad. Retirar y utilizar para preparar caldo o salsa. Un pollo limpio y fresco, sin menudos, se puede guardar en el refrigerador durante dos días. Quitar la envoltura plástica y poner el pollo en una fuente grande, cubriendo sin apretar. Descongelar el pollo congelado en el refrigerador, pero no mantenerlo allí más de dos días. Guardar el pollo cocinado en el refrigerador, envuelto sin apretar, y consumir dentro de los tres días.

3 Tipos de pollo

Los pollitos y gallitos pesan alrededor de 500 g. El pollo parrillero, con un peso superior a 1,4 kg, es un ave más madura. La gallina para hervir es aún mayor; un animal más duro, apropiado para una cocción larga o un estofado. El pollo de granja viene de todos los tamaños. A veces se encuentran grandes pollos parrilleros que llegan a los 4,5 kg.

△ Gallito

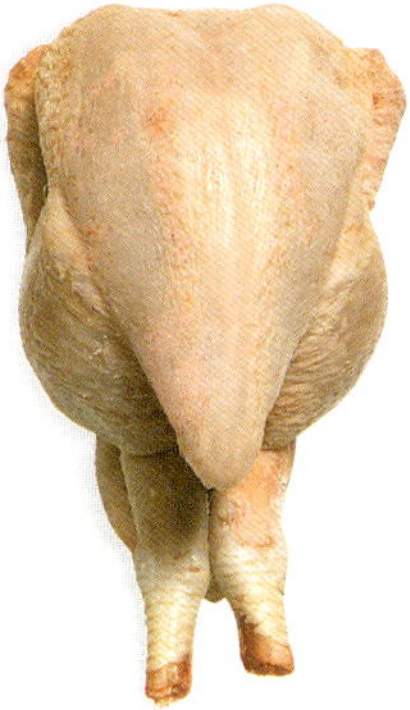

△ Pollito

△ Gallina para hervir

△ Pollo de granja

△ Pollo parrillero

4 LIMPIEZA

Enjuagar cuidadosamente la cavidad del pollo antes de cocinar y secar con papel de cocina absorbente. Si el pollo ha estado congelado, repasar la piel con papel para quitar toda la humedad posible. Lavarse las manos antes y después de manipular el pollo crudo y lavar los instrumentos de cocina después de usarlos.

△ CEDAZO CÓNICO

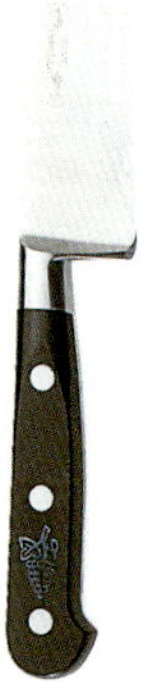

△ CUCHILLO DE COCINERO

△ CUCHILLO PEQUEÑO

△ ASADERA

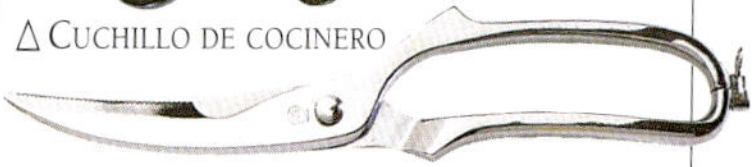

△ TIJERAS PARA POLLO

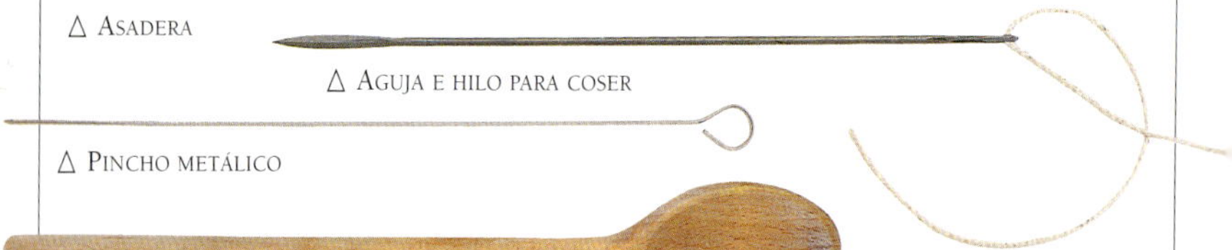

△ AGUJA E HILO PARA COSER

△ PINCHO METÁLICO

△ CUCHARA DE MADERA

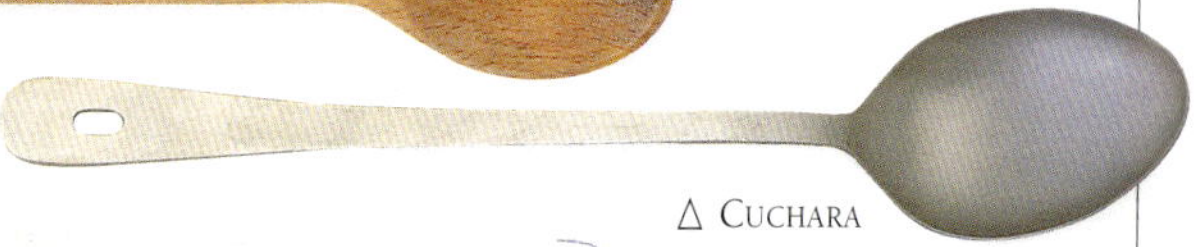

△ CUCHARA PARA SALSEAR

△ ESPUMADERA

△ TENEDOR DE DOS PINCHOS

5 CONGELAR

Antes de congelar aves crudas, envolver los menudos por separado. El pollo cocinado tiende a secarse después de dos semanas, pero estofado o hervido, se conservará hasta tres meses.

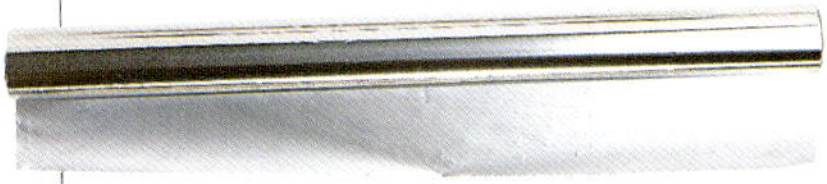

PARA CONGELAR ENVOLVER EN PAPEL DE ALUMUNIO

6 DESCONGELAR

Descongelar en el refrigerador el pollo congelado, calculando tres horas por cada medio kilo. Para acelerar el descongelamiento, poner el pollo con su envoltura plástica en un bol grande y cubrir con agua fría. Cambiar el agua con regularidad hasta que el pollo se descongele. Un pollo grande tardará de 3 a 5 horas. Cocinar el pollo dentro de las 12 horas de descongelado.

7 PORCIONES

Estas porciones son aproximadas; su tamaño depende de las recetas. Los pollitos y otras aves pequeñas son para una persona. Los pollos parrilleros o para freír que pesen menos de 1,4 kg alcanzan para 2 a 4 personas. Los pollos parrilleros de más peso son para 4 a 6 personas. Las gallinas que pesen más de 2,3 kg son para 6 a 8 personas. Las aves grandes, de hasta 4,5 kg, alcanzan para 10 a 12 personas.

SERVIR A TODOS CARNE BLANCA Y NEGRA

8 SALMONELLA

El pollo es muy susceptible a la contaminación con salmonella, una bacteria que provoca intoxicaciones; preparar, cocinar y guardar con cuidado.

- El pollo crudo no se debe guardar en el refrigerador, envuelto sin apretar, más de dos días.
- Dejar que el pollo se descongele por completo antes de cocinar.
- Llevar el pollo frío a temperatura ambiente antes de cocinar.
- Lavarse las manos cuidadosamente.
- No rellenar demasiado la cavidad.
- Cocinar el pollo hasta que no salga sangre al pinchar.

PREPARACIÓN

9 CORTAR

Al cortar un pollo, la cantidad de presas dependerá mucho del peso del ave. Una pequeña; un pollito, se puede cortar en mitades antes o después de cocinar. Las aves de 1,2 a 1,6 kg se pueden cortar en 4. Las de 1,4 a 2,3 kg en 6 u 8 presas. La carne oscura se cocina más despacio que la blanca, por lo cual se debe cortar en trozos más pequeños que la pechuga *(véase p. 10 para consejos acerca de cómo manipular con seguridad el pollo crudo).*

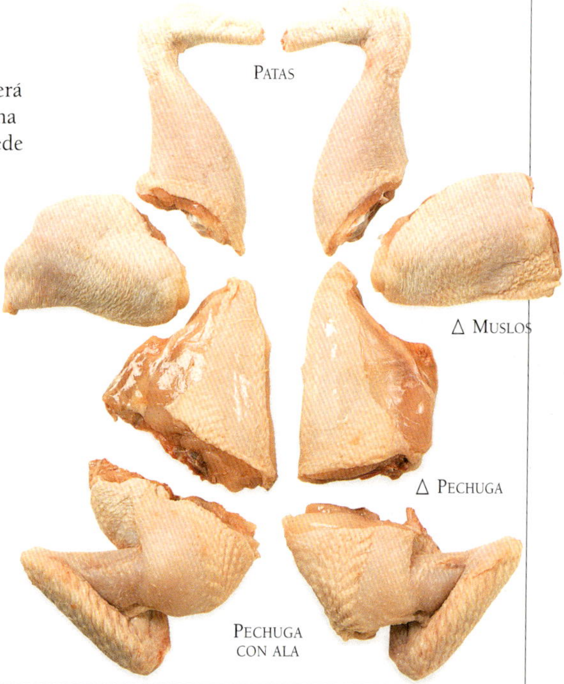

10 QUITAR UN TENDÓN

Los tendones, fibras blancas como hilos, se deben quitar para que la carne sea más tierna. Para desprender el tendón del centro de la pechuga, cortar con un cuchillo de deshuesar. Si se separa parte de la pechuga, reponer en su sitio. Quitar la piel sobrante.

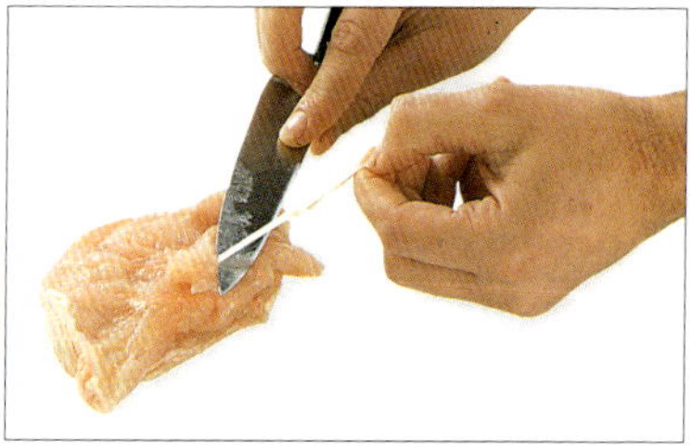

QUITAR CON UN CUCHILLO DE DESHUESAR

11 TROCEAR

Se puede pedir al carnicero que trocee el pollo, pero si se desea, es posible hacerlo en casa. Para ello, poner sobre una tabla, con la pechuga hacia arriba. Trabajar con un cuchillo de cocina afilado y pesado, aunque también se pueden usar tijeras si se prefiere. Son útiles sobre todo para cortar el hueso de la pechuga, el espinazo y en mitades la pechuga y las piernas.

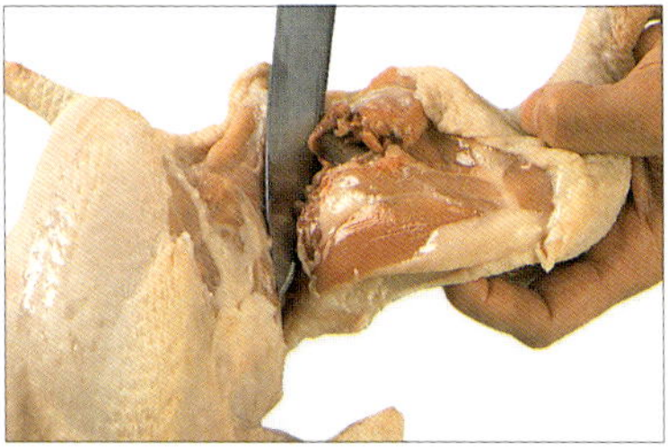

1 Cortar entre el muslo y el cuerpo. Torcer el hueso hacia afuera para partir la articulación, luego cortar y separar la pierna.

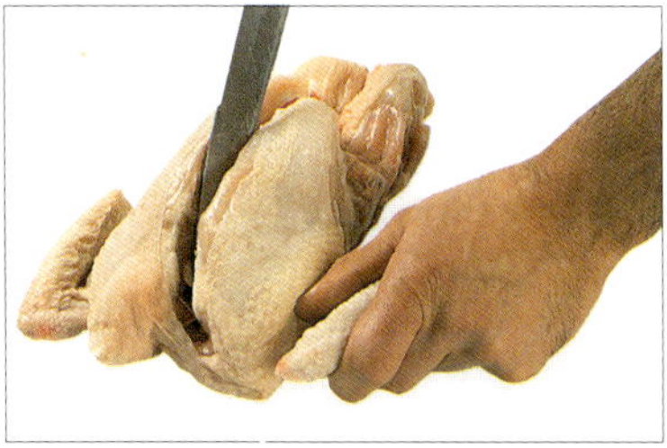

2 Cortar la carne a ambos lados del hueso de la pechuga y luego seccionar el hueso. Cortar entonces a lo largo de uno de los costados del espinazo para partir el ave en dos.

3 Cortar el espinazo y las costillas en una sola pieza, desde la pechuga, a la cual aún están adheridos, dejando las articulaciones de las alas unidas a la pechuga.

4 Cortar cada pechuga en mitades, en diagonal, atravesando la pechuga y las costillas, de modo que una sección de pechuga quede unida al ala.

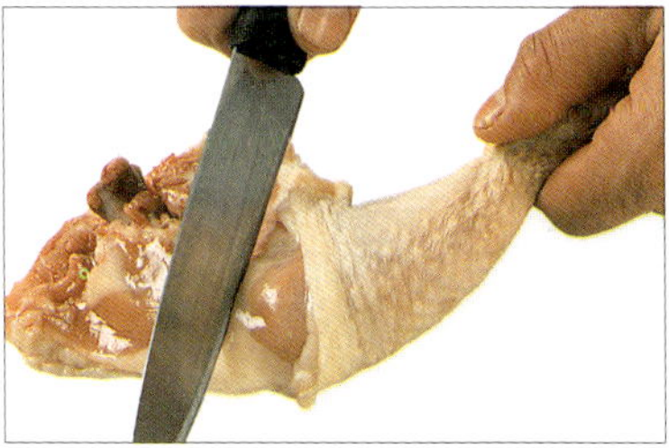

5 Cortar cada pierna por la mitad, en la articulación, separando la pata del muslo y usando como guía la línea de grasa. Quitar cualquier trocito de hueso y grasa sobrante.

12 DESHUESAR

Se puede deshuesar completamente, para rellenarlo y arrollarlo *(véase p. 59)* o dejar los huesos de patas y alas para darle forma y facilitar el trinchado. Abajo se muestra el deshuesado parcial.

1 Con un cuchillo para deshuesar, separar el ala del hueso más grande. Apoyar el ave con la pechuga hacia abajo y cortar la piel a lo largo del espinazo. Partir al medio el hueso de la suerte. Cortar y separar la carne y la piel de la carcaza, con tajos pequeños y parejos.

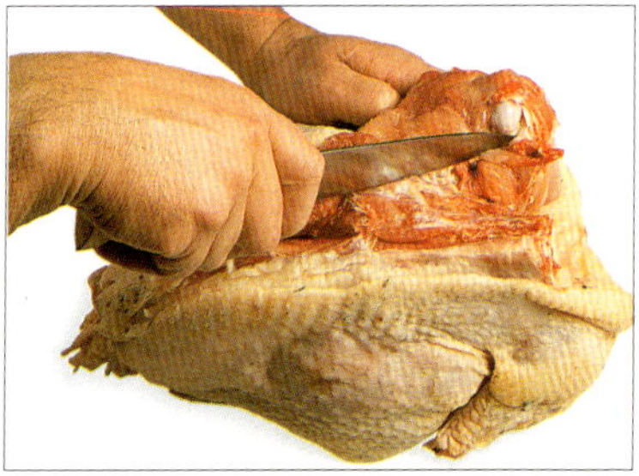

2 Cortar la carne desde el ala y liberarla. Separar la articulación que une el muslo a la carcaza, de modo que queden separados aunque unidos por la piel.

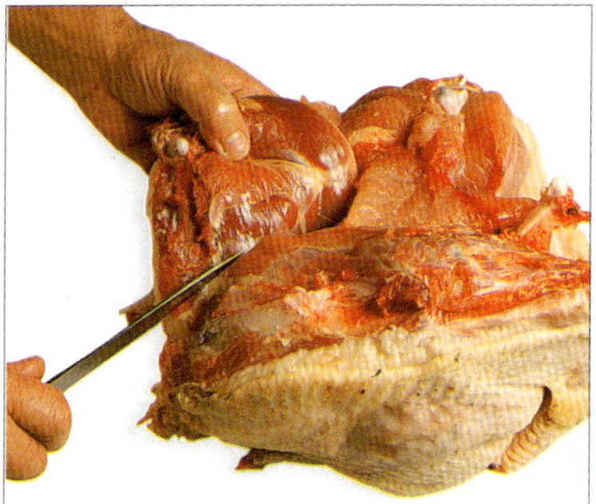

3 Separar la pechuga del hueso hasta llegar al borde de éste, donde la piel y el hueso se unen. Repetir del otro lado, de modo que la piel quede unida solamente a lo largo del hueso de la pechuga.

4 Tire suavemente para separar el hueso de la pechuga y la carcaza de la carne; la piel se rasga con facilidad. El pollo semideshuesado, que conserva los huesos de patas y alas, está listo para ser rellenado.

13 DESHUESAR COMPLETAMENTE

Las aves más grandes, de 1,4 kg o más, se pueden deshuesar completamente y rellenar para preparar una galantina o un arrollado *(véase p. 59)*. Escoger un ave que tenga la piel intacta, de modo de poder conservarla para arrollar y rellenar. Con la ayuda de un cuchillo para deshuesar, siga primero las instrucciones que se dieron para el deshuesado parcial *(véase p. opuesta)*.

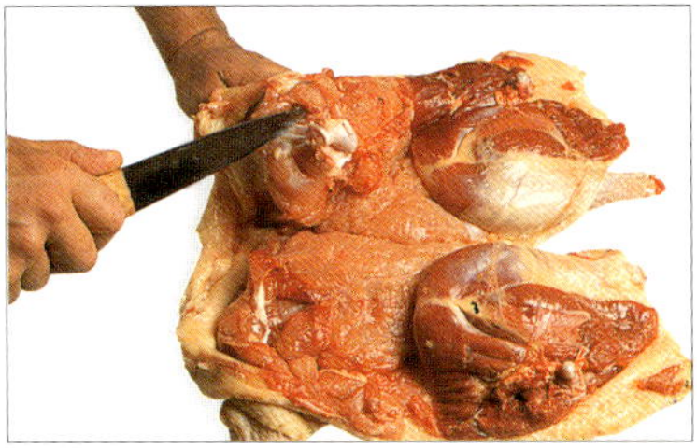

1 Sosteniendo la parte exterior del hueso del ala, cortar a través de los tendones. Separar la carne del hueso y quitarlo.

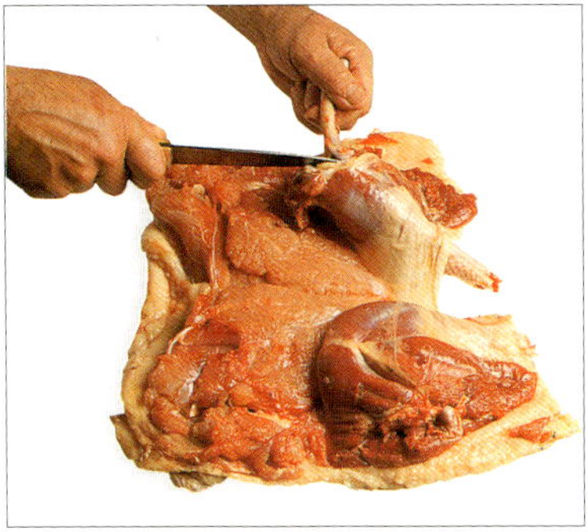

2 Sosteniendo el extremo superior del hueso de la pata, cortar a través de los tendones. Separar la carne del hueso y quitarlo. Retirar los nervios.

3 Repetir del otro lado, y empujar la pata y el ala para que la piel quede hacia afuera. La mayor parte de la piel tendrá carne adherida.

14 DESHUESAR PECHUGAS

A veces las pechugas de pollo se venden de a pares, unidas por el hueso central, en una sola pieza. También pueden ser pechugas simples, separadas a lo largo del hueso. Cuando se trate de una pechuga completa, ponerla sobre una tabla, con la piel hacia arriba. Golpear con fuerza para partir el hueso central. Quitar el hueso de la suerte y luego separar la carne del hueso. Poner la pechuga con el lado del hueso hacia arriba. Separar la carne de las costillas y quitar los huesos. Eliminar el tendón *(véase p. 12)*. Cuando se trate de una pechuga simple, poner con el hueso hacia arriba y quitarlo.

15 APLASTAR LAS PECHUGAS

Las pechugas de pollo se pueden aplanar para preparar escalopes o para rellenar y enrollar. Quitar primero el tendón y separar el filete pequeño. Con el cuchillo paralelo a la tabla cortar a lo largo tres cuartas partes de la pechuga. Abrir y poner entre dos hojas de papel impermeable. Presionar suavemente con un palote hasta que tome un grosor parejo.

ALTERNATIVA
Para aplastar la pechuga, también se puede usar una masa para carne. Golpear con suavidad.

16 CORTAR SUPREMAS

Una suprema es la pechuga del pollo sin piel, con el hueso del ala incluido. A menudo se hierve y se sirve con salsa *velouté* *(véase p. 69)*. Las supremas también se pueden freír en manteca/mantequilla o aceite, o se pueden rebozar con huevo y pan rallado y freír, para servir con una guarnición de puntas de espárragos, *pâté de foie gras* o trufas.

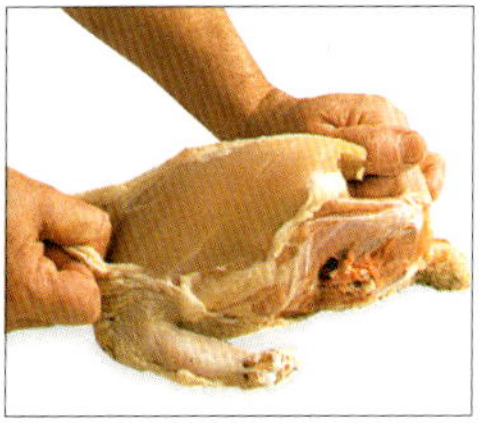

1 Cortar las patas y quitar toda la piel de la pechuga, con la ayuda de un cuchillo si es necesario. Quitar el hueso de la suerte.

2 Con un cuchillo afilado, cortar a lo largo y a un lado del hueso central separando suavemente la carne del hueso.

3 Continuar el corte hasta alcanzar al ala. Cortar la articulación y separar el hueso del ala. Limpiar la punta del hueso.

17 Quitar la piel

Si la piel del pollo se quita entera, se puede utilizar como recipiente de un relleno. Quitar las puntas de las alas y las patas. Cortar la piel a lo largo del espinazo. Retirar la piel de un lado, con breves cortes hechos con un cuchillo afilado. Retirar la piel del muslo y el ala. Continuar hasta el hueso de la pechuga y repetir del otro lado.

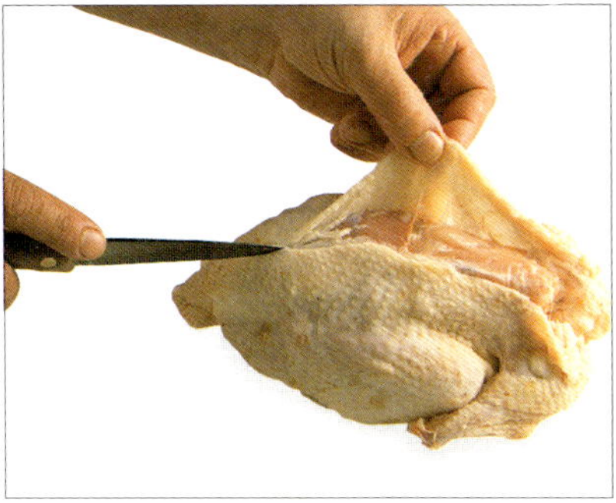

Retirar la piel con pequeños cortes

18 Rellenar pollitos

Los pollitos son deliciosos rellenos con arroz especiado o con una mezcla de cuscús y cocinados en *cocotte* en una asadera tapada *(véase p. 24 para la receta de Pollo en cocotte)*. Enjuagar la cavidad y secar el interior de las aves con papel de cocina e introducir el relleno sin excederse. Estirar el extremo de la piel de la pechuga cubriendo el relleno y la rabadilla. Para no perder el relleno durante la cocción se pueden coser las aves. *(véase p. 18)* o sostener la piel con pinchos.

Cocinar los pollitos inmediatamente después de rellenarlos, ya que la carne se arruina rápidamente

No rellenar en exceso
Poner relleno con prudencia. No apretarlo, porque el cuscús se hincha durante la cocción y puede salirse, arruinando la presentación del plato.

19 RELLENAR

Las aves más grandes a menudo se rellenan por el cuello y en la cavidad *(véanse recetas en p. 26)*. Dar media hora más de cocción a las aves pequeñas rellenas y hasta una hora a las más grandes. Probar el punto de cocción pinchando un muslo.

1 △ Primero quitar el hueso de la suerte *(véase p. 21)*. Llevar la piel del cuello hacia atrás y meter el relleno con los dedos.

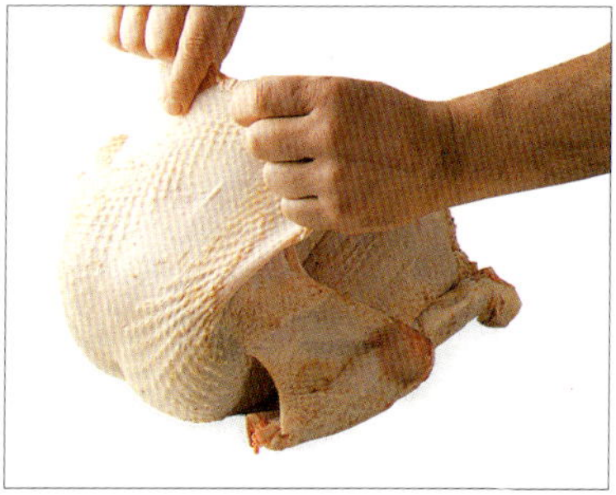

2 △ Poner el pollo con la pechuga hacia abajo y tirar de la piel del cuello cubriendo el relleno. Atar el pollo para mantener el relleno en su lugar o sujetar con pinchos.

20 ATAR

Atar el pollo mantiene el relleno en su lugar y le da buena forma, ya que si las alas o patas están muy abiertas, se pueden cocinar demasiado. Además, de esta manera se facilita el trinchado. Se necesita una aguja especial, que se vende en los negocios especializados en cocina, y un hilo fuerte.

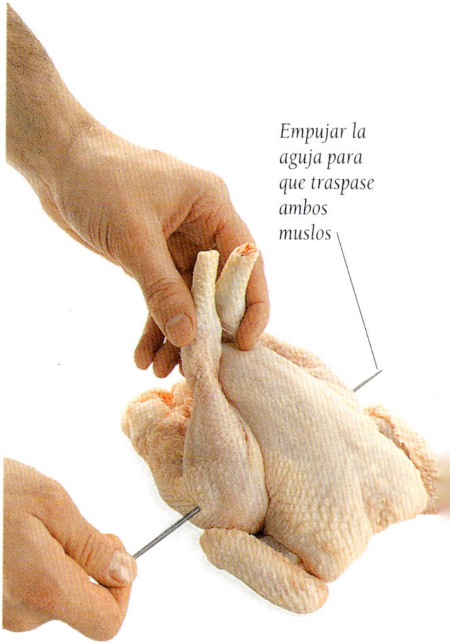

1 △ Poner el pollo sobre una tabla con la pechuga hacia arriba y estirar las patas bien hacia atrás y hacia abajo, de modo que las puntas se levanten hacia arriba. Sosteniendo firmemente los extremos de las patas con una mano, hincar la aguja enhebrada en el muslo y empujar hasta atravesar el otro muslo, dejando la aguja enhebrada.

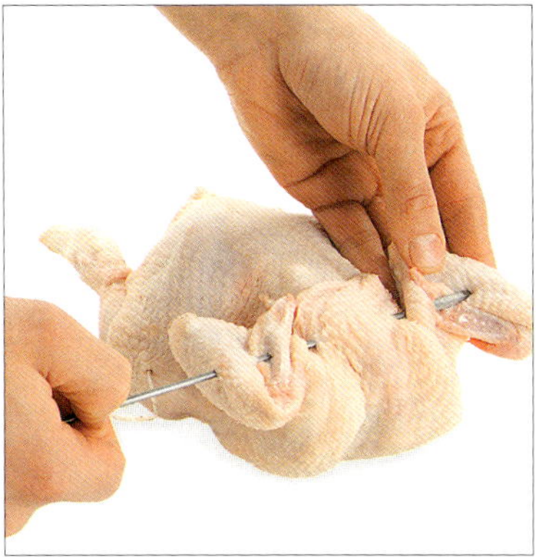

2 △ Dar vuelta el pollo. Tirar del extremo de la piel cubriendo el hueco en el cuello y apretar encima las puntas de las alas. Empujar la aguja atravesando ambas secciones de un ala y la piel del cuello. Continuar bajo el espinazo y atravesar la otra ala, pinchando los dos tramos del ala.

3 △ Poner el ave de costado. Cortar el hilo y atar firmemente ambas puntas. Volcar el pollo con la pechuga hacia arriba. Introducir la rabadilla dentro de la cavidad del pollo y plegar sobre la piel de arriba. Atravesar la piel con la aguja.

4 ◁ Dar una vuelta de hilo alrededor de una pata, por debajo del hueso de la pechuga y alrededor de la otra pata. Quitar la aguja y atar firmemente los extremos del hilo. Cortar las puntas. El pollo así atado conservará la forma.

Dar unas vueltas de hilo alrededor de los extremos de las patas

21 EL USO DE PINCHOS

A menudo las aves pequeñas se cocinan ensartadas en pinchos –se cortan, se aplanan y se ensartan– ya que resulta una presentación atractiva para hornear o asar. Es necesario marinar antes las aves *(véase p. 48)* y se pueden pincelar con manteca/mantequilla o aceite y condimentos mientras se cocinan. Las guarniciones de verduras, como hongos, tomates, berenjenas en rodajas o zapallitos se pueden asar al mismo tiempo que el pollo. En Francia se suelen asar con manteca/mantequilla condimentada con hierbas.

1 Cortar los extremos de las alas por la articulación con unas tijeras para pollo o con un cuchillo filoso, y tirar.

2 Sostener el ave con una mano, con la pechuga hacia abajo. Con las tijeras, cortar a ambos lados del espinazo y quitar (se puede utilizar para hacer caldo).

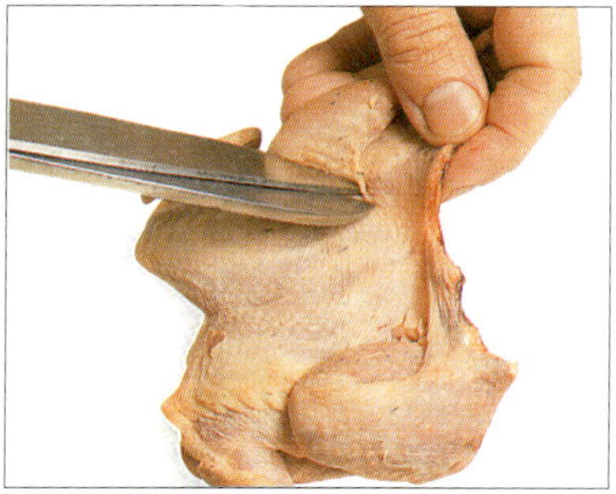

3 Con tijeras o con un cuchillo filoso, hacer un pequeño corte en la piel, entre cada pata y el hueso de la pechuga y meter en ellos las patas.

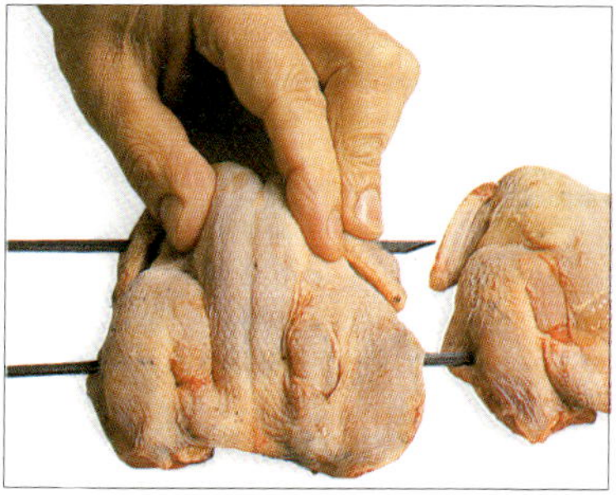

4 Introducir dos pinchos en cada ave, uno atravesando las alas y otro las patas, para sostenerlas en buena posición al cocinar.

22 QUITAR EL HUESO DE LA SUERTE

El hueso de la suerte a veces se quita antes de rellenar y asar un pollo, para hacer más fácil el trinchado de la pechuga en rodajas finas. Doblar hacia atrás la piel del cuello y aflojar dicho hueso con la punta de un cuchillo pequeño. Quitarlo, junto con la grasa que lo rodea. Utilizar la misma técnica para quitarlo al deshuesar un pollo.

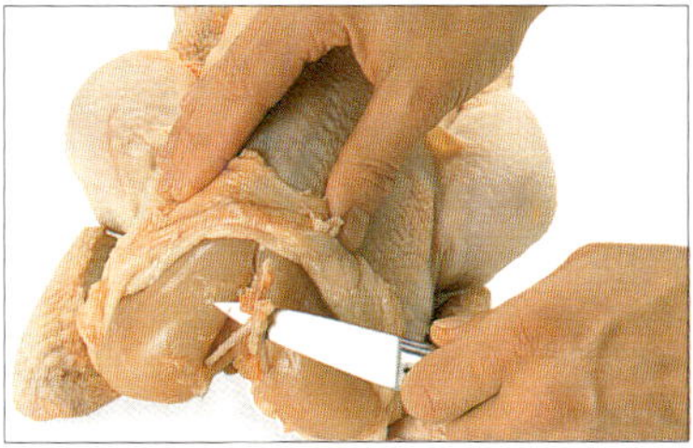

QUITAR CON UN CUCHILLO PEQUEÑO

23 COMPROBAR LA COCCIÓN

Es importante que el pollo esté bien cocido, para evitar el riesgo de la salmonella, especialmente si ha estado congelado. Probar con un tenedor de dos pinchos en la parte más gruesa del muslo, entre la pata y el cuerpo: el jugo debe salir claro y amarillento, no rosado. Para controlar levantar el pollo con el tenedor largo y ver el color del jugo que cae a la asadera desde la cavidad. Si cae algo rosado, el pollo todavía no está bien cocido.

Dejar caer el jugo de la cavidad

CONTROLAR EL POLLO
Comprobar el color del jugo que sale de la cavidad: si el pollo está bien cocido, será claro.

ASADOS AL HORNO

24 MÉTODOS PARA ASAR AL HORNO

El más exitoso es el método francés, en el cual el pollo se asa a fuego bastante vivo. A menor temperatura, el ave tiende a guisarse en su propio jugo. Cuando se cocinan aves grandes, a mitad de la cocción se pueden tapar con papel de aluminio, para mantener la humedad y evitar que la piel se queme. Atar el pollo *(véase p. 18)* y untar la piel con manteca para darle un color dorado.

SALSEAR EL POLLO CADA 10-15 MINUTOS

25 TIEMPOS DE COCCIÓN

Poner el pollo de costado en la asadera y dar vuelta al otro lado cuando haya pasado un cuarto del tiempo de cocción. Finalmente, ponerlo sobre el lomo, para que se cocine en forma pareja. Cuando se trate de aves pequeñas, mantener alta la temperatura durante toda de cocción. Las aves pequeñas deben dorarse primero a fuego vivo y luego cocinarse a temperatura más baja. Salsear con frecuencia.

Tiempos de cocción y temperatura

Tamaño del ave	Temperatura	Tiempo de horneado
Pollito/gallito	200° C/Temp. 6	25-40 minutos en total
Pollo pequeño de menos de 1,4 kg	200° C/Temp. 6	15 minutos cada 500 g + 15 minutos
Pollo mediano, de 1,4 a 2,3 kg	200° C/Temp. 6	18 minutos cada 500 g + 18 minutos
Pollo grande, hasta 4,5 kg	190° C/Temp. 5	25 minutos cada 500 g

26 ASAR CON LA VARILLA GIRATORIA

Cuando las aves se asan en una varilla giratoria, los principios son los mismos que cuando se asan en el horno, pero cuanto más pequeña sea el ave, más cerca deberá estar de la fuente de calor. Comprobar que el pollo esté equilibrado sobre la varilla. Casi no hace falta salsearlo, ya que el pollo se cocina en su propio jugo mientras gira pero, si se desea, se puede pincelar con manteca.

27 POLLO ASADO CLÁSICO

4-6 porciones

Ingredientes
1 pollo de 2 kg
sal y pimienta
2 ramitas de tomillo
1 hoja de laurel
75 g de manteca
500 ml de caldo

PARA SERVIR
Las papas asadas en aceite y manteca son un acompañamiento ideal.

1 Calentar el horno a 220° C/Temp. 7. Enjuagar la cavidad del pollo y secar con papel de cocina. Quitar el hueso de la suerte (*véase p. 21*), sazonar y poner las hierbas en su interior.
2 Atar y ensartar los pinchos en el pollo (*véase p. 18*) y ponerlo en una asadera de tamaño justo. Cortar la manteca y poner sobre la pechuga.
3 Asar entre $1^1/_4$ a $1^1/_2$ horas, salseando con los jugos cada 10-15 minutos. Dar vuelta el pollo y ponerlo sobre la pechuga cuando ésta comience a dorarse y volver a ponerlo con la pechuga hacia arriba en los últimos 15 minutos. Pasar a una tabla. Mantener caliente mientras se prepara la salsa (*véase p. 27*).

El salseado frecuente es la clave de una piel bien dorada

28 ASAR A LA CACEROLA

Asar a la cacerola significa cocinar en el horno, dentro de una cacerola tapada, que debe contener el pollo y una cantidad moderada de verduras. A menudo el pollo se cocina entero y se dora previamente en manteca.

29 POLLO EN COCOTTE

4 porciones

Ingredientes

2 pollos de 1kg

sal y pimienta

la cáscara de 2 limones

45 g de manteca

PARA SERVIR

Servir con salsa de queso y verduras salteadas

1 Enjuagar el interior de los pollos, secar con papel de cocina y sazonar. Quitar las horquetas *(véase p. 21)* y atar *(véase p. 18)*.

2 Calentar el horno a 190° C/Temp. 5. Derretir la manteca en una cacerola para horno, agregar el pollo y dorar por todos los lados, de 5 a 10 minutos. Retirar y dorar el otro pollo.

3 Devolver los pollos a la cacerola, agregar la cáscara de limón y tapar. Llevar al horno dando vuelta de vez en cuando para que se cocinen parejo.

4 Después de 30-40 minutos, levantar las aves con un tenedor largo. El jugo que salga de la cavidad debe ser claro, no rosado. Pasar a una tabla, cubrir con papel de aluminio y mantener caliente.

5 Para servir, desatar y quitar los hilos y cortar los pollos a la mitad con tijeras.

SALSA DE QUESO

Para la preparación de la salsa, véase p. 68.

30 POLLITOS RELLENOS

4 porciones

Ingredientes
4 pollitos
30 g de manteca
15 ml (1 cucharada) de aceite vegetal
sal y pimienta
Relleno
60 g de almendras peladas
250 ml de agua
165 g de cuscús
30 g de manteca
Salsa
125 ml de oporto
250 g de uvas sin semillas
2 cucharadas de fécula de arrurruz
30 ml (2 cucharadas) de agua
60 ml (4 cucharadas) de crema doble

1 Calentar el horno a 190 °C/Temp. 5. Para preparar el relleno, tostar las almendras hasta que estén doradas. Hervir el agua, verter sobre el cuscús y dejar reposar 2 minutos. Cortar la manteca en trocitos y mezclar con el cuscús y las almendras tostadas. Sazonar y dejar enfriar.

2 Enjuagar los pollitos, secar con papel de cocina y rellenar sin excederse. Estirar el extremo de piel sobre el relleno y coser para asegurar (*véase p. 18*).

3 Calentar la manteca y el aceite en una cacerola para horno. Dorar los pollitos y sazonar. Tapar y cocinar en el horno hasta que estén bien tiernos, durante 50-60 minutos. Probar pinchando la parte más gruesa del muslo. El jugo debe ser claro. Pasar a una fuente de servir, cubrir con papel de aluminio y mantener caliente.

4 Para preparar la salsa, reducir el oporto a la mitad a fuego fuerte. Agregar las uvas y cocer 1 minuto. Retirar. Desgrasar el jugo de cocción, agregar el caldo y hervir para reducir. Colar sobre el oporto y llevar al fuego. Mezclar el arrurruz con el agua y echar sobre el oporto, batiendo. Agregar la crema y las uvas y recalentar. Servir los pollitos con salsa y uvas.

PARA SERVIR
Distribuir sobre el plato parte del relleno de cuscús.

31 RELLENOS PARA EL POLLO

Un relleno bien condimentado no sólo agrega sabor, sino que ayuda a dar al pollo forma atractiva. Utilizar unos 175 g de relleno por cada medio kilo de ave, llenando la cavidad sin excederse, para permitir que aquél se hinche durante la cocción. Las aves más grandes se pueden rellenar también por el cuello. Dejar enfriar el relleno antes de utilizarlo.

32 RELLENO DE CASTAÑAS

Hervir y pelar 1 kg de castañas frescas o escurrir medio kilo de castañas envasadas en agua. Picar grueso. Freír dos cebollas picadas en 30 g de manteca hasta que ablanden, pero sin dorar. Agregar 500 g de carne de salchichas y dorar bien, durante 5-8 minutos, revolviendo. Agregar esta mezcla a las castañas, junto con 125 g de migas de pan blanco, 1/2 cucharadita de pimienta de Jamaica y 1/2 de nuez moscada. Sazonar a gusto. Dejar enfriar antes de usar.

CASTAÑAS FRESCAS

33 RELLENO DE CEBOLLAS Y MANZANAS

Freír dos cebollas picadas con sal y pimienta en 45 g de manteca, hasta que esté blanda pero no dorada. Dejar enfriar. Agregar 100 g de migas de pan blanco fresco y 2 manzanas verdes peladas y picadas. Añadir 2 cucharadas de perejil fresco picado, 1 huevo batido y 125 ml de caldo de pollo. Sazonar a gusto.

MANZANA

34 RELLENO DE SALVIA Y CEBOLLA

Freír suavemente 4 cebollas picadas en 45 g de manteca, hasta que estén blandas, pero no doradas. Dejar enfriar y luego añadir 100 g de migas de pan blanco fresco, 3 cucharadas de salvia picada grueso o 1 1/2 cucharada de salvia seca picada. Agregar 1 huevo batido y 125 g de caldo de pollo. Sazonar a gusto.

SALVIA

35 CÓMO TRINCHAR UN POLLO

Para que el pollo resulte más fácil de trinchar, retirar de la asadera o cacerola y dejar sobre una tabla en un lugar tibio durante 10 minutos. Al trinchar, prever que cada comensal reciba un poco de carne blanca y otro de carne negra. Si es necesario, cortar la carne de los muslos para servir a todos. Usar un cuchillo de cocinero bien afilado o uno de trinchar, para poder cortar la pechuga en rodajas parejas.

1 Cortar entre pata y pechuga. Poner el pollo de costado y cortar la carne contra la carcaza, para que quede adherida al muslo.

2 Separar el muslo, torcer hacia afuera para romper la articulación y cortar para quitar la pata.

3 Cortar horizontalmente por encima del ala, a lo largo del hueso central, para sacar la pechuga completa. Cortarla en tajadas.

36 PREPARAR LA SALSA

Cuando se asa un pollo en manteca *(véase p. 23)* queda la base para una rica salsa. Quitar el pollo de la asadera y agregar 500 ml de caldo de pollo al jugo de la cocción que está en la asadera. Hacer hervir, revolviendo para disolver lo pegado en el fondo de la asadera. Continuar hirviendo hasta reducir y concentrar la salsa. Controlar la sazón y colar la salsa con un cedazo cónico sobre una salsera.

COLAR CUIDADOSAMENTE LA SALSA

GUISOS Y ESTOFADOS

37 GUISAR

Para guisar un pollo, primero se doran las presas, luego se mojan con vino y caldo. Se agrega ajo, hierbas, manteca y aceite para dar sabor, mientras los vegetales aromáticos, tales como la chalota/cebollita azul o el apio impregnan la carne.

38 *SAUTÉ* DE POLLO CON CERVEZA

4 porciones

Ingredientes

1,5 kg de pollo en trozos
30 g de harina sazonada
15 ml de aceite vegetal
15 g de manteca
2 cebollas picadas
60 ml de gin
250 ml de cerveza negra
sal y pimienta
60 ml de crema agria
perejil picado, para adornar

1 Cubrir el pollo con la harina sazonada. Calentar el aceite y la manteca a fuego moderado. Saltear las patas unos 5 minutos, hasta que comiencen a dorarse. Luego las pechugas unos 10 a 15 minutos, hasta que estén ligeramente doradas.

2 Empujar el pollo a un lado de la sartén y echar la cebolla en el otro. Saltear unos 3 minutos, hasta que esté blanda pero no dorada. Agregar el gin y calentar, luego encender con cuidado para flambear.

3 Esparcir nuevamente el pollo, sazonar y agregar la mitad de la cerveza. Tapar y cocinar durante 15 a 25 minutos, hasta que esté tierno. Retirar de la sartén y mantener caliente.

4 Hervir la salsa para reducir, agregar el resto de cerveza y llevar al hervor. Agregar el pollo y calentar bien. Añadir la crema ácida y espolvorear con perejil.

PARA SERVIR
Servir con porotos de manteca salteados en manteca.

39 *COQ AU VIN*

4-6 porciones

Ingredientes

2 kg de pollo en trozos
15 ml de aceite vegetal
15 g de manteca
125 g de tocino/panceta en cubos
20 cebollas pequeñas, blanqueadas
250 g de hongos
45 g de harina
300 ml de caldo de pollo
1 diente de ajo, picado
2 chalotas/cebollitas azules, picadas
1 ramito de hierbas
sal y pimienta

Marinada

1 cebolla, en rodajas finas
1 tallo de apio, en rodajas finas
1 zanahoria, en rodajas finas
1 diente de ajo
6 granos de pimienta negra
375 ml de vino tinto
30 ml de aceite de oliva

1 Hervir la cebolla, el apio, la zanahoria, el ajo, los granos de pimienta y el vino durante 5 minutos. Enfriar y verter sobre el pollo, en un bol. Rociar con aceite de oliva. Tapar y dejar en el refrigerador de 12 a 18 horas.

2 Colar la marinada, secar el pollo y reservar las verduras. Calentar el aceite y la manteca en una cacerola para horno. Freír el tocino hasta que esté crocante, y retirar. Luego dorar el pollo y las cebollas y retirar. Cocinar los hongos y retirar.

3 Quitar toda la grasa, salvo dos cucharadas. Añadir las verduras de la marinada y cocer a fuego suave hasta que ablanden. Espolvorear con harina y dorar durante 2-3 minutos. Agregar el caldo, la marinada, el ajo, las chalotas, el ramito de hierbas, la sal y la pimienta. Incorporar el pollo y cocer hasta que esté tierno. Retirar y mantener caliente.

4 Colar la salsa. Agregar en ésta las cebollas y cocinar hasta que estén tiernas. Añadir los hongos y cocinar hasta reducir y espesar la salsa. Incorporar el pollo y el tocino y recalentar durante 3-4 minutos.

PARA SERVIR

Servir con papas al vapor

40 *SAUTÉ* DE POLLO CON PÁPRIKA

4 porciones

Ingredientes

1,5 kg de pollo en trozos
3 cucharadas de páprika o pimentón
sal y pimienta
15 ml de aceite vegetal
15 g de manteca/mantequilla
1 cebolla, picada
250 ml de caldo
4 pimientos rojos
15 ml de puré de tomates
125 ml de crema ácida

PARA SERVIR
Los tallarines blancos y verdes contrastan bien con la colorida salsa de páprika.

1 Espolvorear el pollo con la páprika, la sal y la pimienta en forma pareja.
2 Calentar el aceite y la manteca a calor moderado y saltear las patas del pollo durante unos 5 minutos, hasta que comiencen a dorarse. Agregar las pechugas y continuar cocinando suavemente hasta que esté dorado por todos los lados. No dejar que la páprika se queme.
3 Arrimar el pollo a un costado, añadir la cebolla y cocinar hasta que esté blanda pero no dorada. Distribuir nuevamente el pollo y agregar la mitad del caldo. Tapar y cocinar durante 15-25 minutos, hasta que esté tierno. Retirar las presas a medida que estén hechas, pinchándolas con un tenedor para constatar que el jugo salga claro.
4 Mientras tanto, asar los pimientos, pelar, quitar las semillas y cortar en tiras.
5 Retirar los trozos de pollo y mantener caliente. Hervir el jugo de la cocción hasta que tome un poco de brillo, revolviendo. Agregar el puré de tomates y el resto de caldo y seguir revolviendo hasta que hierva.
6 Reducir el fuego, devolver el pollo a la sartén, agregar las tiras de pimiento a la salsa y calentar durante 1-3 minutos.
7 Añadir la mayor parte de la crema ácida y sacudir suavemente la sartén para que se mezcle con la salsa. No dejar que la salsa hierva otra vez, porque se cortaría. Controlar la sazón.
8 Disponer el pollo y la salsa de páprika sobre los platos y adornar con un poco de crema ácida.

41 *SAUTÉ* DE POLLO CON AJO

4 porciones

Ingredientes

1,5 kg de pollo en trozos
sal y pimienta
15 ml de aceite vegetal
90 g de manteca
15 dientes de ajo
250 ml de vinagre de vino
15 ml de puré de tomates
2 tomates
1 ramito de hierbas
250 ml de caldo de pollo

PARA SERVIR
Servir con las tradicionales papas salteadas.

1 Sazonar el pollo. Calentar el aceite y 15 g de manteca, poner las patas del pollo y dorar durante 5 minutos. Agregar las pechugas y cocinar suavemente de 10 a 15 minutos, hasta que estén bien doradas por todos lados. Añadir el ajo sin pelar, sacudir la sartén para distribuir los dientes, tapar y cocinar a temperatura suave durante 20 minutos.

2 Añadir el vinagre y hervir destapado hasta que reduzca a la mitad. Agregar el puré de tomates y revolver. Picar los tomates e incorporar a la sartén junto con el ramito de hierbas. Tapar y cocer hasta que el pollo esté tierno y el jugo salga claro cuando se pincha con un tenedor. Retirar las presas a medida que se cocinan y mantener calientes.

3 Añadir el caldo a la sartén y hervir hasta que reduzca y se concentren los sabores, revolviendo. Colar la salsa en otra sartén y hacer pasar la pulpa de ajo por un cedazo. Volver a llevar al hervor y retirar. Mezclar el resto de la manteca, poco a poco, a baja temperatura. Controlar la sazón y servir.

42 Pollo a la pimienta de Szechuan

4 porciones

Ingredientes

30 g de pimienta en grano Szechuan
1,5 kg de pollo en trozos
15 ml de aceite vegetal
15 g de manteca
1 cebolla, picada
250 ml de caldo de pollo
125 ml de crema doble

Para servir
Servir con una mezcla de arroces: silvestre y blanco.

Moler los granos de pimienta con un palote

1 Tostar los granos de pimienta en una pequeña sartén a fuego bajo, sacudiendo, de 3 a 5 minutos, hasta que despidan su aroma. Poner en una bolsa plástica y aplastar con un palote.
2 Echar la pimienta triturada sobre las presas de pollo, cubriendo parejo.
3 Calentar el aceite y la manteca en una sartén, a calor moderado. Agregar las patas del pollo y freír unos 5 minutos, hasta que comiencen a dorarse. Agregar las pechugas y continuar hasta que estén doradas por todas partes.
4 Arrimar el pollo a un costado de la sartén y poner la cebolla. Cocinar suavemente unos 3 minutos, hasta que esté blanda pero no dorada.
5 Volver a distribuir el pollo en la sartén y añadir la mitad del caldo. Tapar y cocinar unos 15-25 minutos, hasta que esté tierno.
6 Retirar el pollo de la sartén y mantener caliente. Hervir el jugo de cocción hasta que reduzca y tome brillo. Agregar el resto del caldo y volver a llevar al hervor. Volver a incorporar el pollo y calentar suavemente. Agregar la crema y calentar revolviendo hasta que la salsa espese un poco.

43 ESTOFAR

El estofado de pollo se puede cocinar en la hornalla o en el horno. El pollo se corta de tal modo que el líquido lo cubra por completo. Se pueden incluir vegetales de cocimiento lento; zanahorias y nabos o ciruelas o damascos/chabacanos secos, que realzan el sabor.

44 GUISO DE BRUNSWICK

4-6 porciones

Ingredientes

1,5 kg de pollo en trozos
500g de codillo de jamón
15 de azúcar negra
1 ramito de hierbas
1 cebolla, picada
3 tallos de apio, en rodajas finas
375 g de tomates pelados, sin semillas y en cubos
250 g de habas peladas
200 g de choclo/elote desgranado
375 g de papas
1 cucharadita de ají molido
sal y pimienta

PARA SERVIR
El guiso sólo necesita pan como acompañamiento

1 Poner el pollo en una cacerola junto con el codillo y echar agua hasta cubrir. Agregar el azúcar y el ramito de hierbas. Llevar al hervor, espumar, tapar y hervir 1 hora, hasta que el pollo esté casi tierno.
2 Retirar el pollo con una espumadera y reservar. Hacer hervir nuevamente el líquido y agregar la cebolla, el apio, el tomate y las habas. Hervir revolviendo con frecuencia durante 20-30 minutos, hasta que las habas estén casi tiernas. Agregar el choclo y hervir otros 10 minutos.
3 Mientras tanto, hervir las papas, escurrir y pisar bien.
4 Incorporar al guiso las papas y el ají molido y sazonar. Volver a poner el pollo y cocinar unos 15 minutos, hasta que esté tierno.
5 Retirar el codillo, separar la carne de los huesos, desechar la piel y la grasa y desmenuzar la carne. Incorporar al guiso, agregando más agua si parece algo espeso. Corregir la sazón.

45 Escalfar

El escalfado es un excelente modo de preparar aves más grandes, ya que las tierniza y sus jugos producen una buena salsa. A menudo se cocinan verduras junto con el ave; todas las recetas están relacionadas con la clásica *Poule au pot*. Se pueden agregar otros vegetales, como repollo u hongos. El caldo se puede utilizar para salsas, sopas, o usarlo como tal.

46 *Poule au pot*

8 porciones

Para servir

Disponer la gallina sobre una fuente, junto con el relleno y las verduras. Servir el caldo por separado.

Ingredientes

1 gallina de 3-4 kg
1 cebolla, pinchada con 2 clavos de olor
1 ramito de hierbas
1 cucharadita de granos de pimienta negra
1 tallo de apio, picado
1 rama de canela
1 cucharada de sal

Relleno

4 rodajas de pan blanco seco
250 ml de leche
1/2 cebolla, picada
15 g de manteca
hígado de pollo
250 g de jamón ahumado picado
1 diente de ajo
4 cucharadas de perejil picado
1 pizca de nuez moscada rallada
sal y pimienta
1 huevo batido

Guarnición de vegetales

750 g de zanahorias, en rodajas
1 kg de puerros, cortados a lo largo
500 g de nabos pequeños

1 Para preparar el relleno, remojar el pan en la leche y escurrir. Freír la cebolla hasta que esté blanda, agregar el hígado de pollo y saltear hasta que esté dorado, pero su interior rosado. Picar y mezclar con el pan, el jamón, el ajo, el perejil, la nuez moscada y el huevo. Sazonar.

3 Salpimentar y atar la gallina. Poner en una olla grande, junto con la cebolla, el ramito, los granos de pimienta, el apio, la canela y la sal. Agregar agua hasta cubrir y llevar al hervor. Hervir una hora.

3 Agregar las verduras y hervir otra hora. Retirar la gallina y las verduras y reducir el caldo hasta que esté sabroso. Trinchar la gallina para servir.

47 POLLO A LA YORKSHIRE
4 porciones

Ingredientes
1 pollo, y su hígado picado
2 zanahorias picadas
1 ramito de hierbas
1 cebolla, con 2 clavos de olor pinchados
2 dientes de ajo
1 cucharadita de granos de pimienta
300 ml de vino blanco
1,5 l de caldo
sal y pimienta
Relleno
250 g de ciruelas secas sin carozo
125 g de manteca
1 cebolla, picada
10 rodajas de pan blanco
1 ramito de perejil, picado
la cáscara y el jugo de 1 limón
125 ml de caldo de pollo

1 Para preparar la mezcla, reservar 12 ciruelas grandes y picar el resto. Calentar la mitad de la manteca y cocinar la cebolla hasta que esté blanda pero no dorada. Agregar el hígado y dorar. Cortar el pan en trocitos, poner en un bol y agregar el resto de los ingredientes, excepto las ciruelas reservadas. Añadir el resto de la manteca derretida.
2 Atar el pollo y poner en una cacerola junto con la zanahoria, el ramito de hierbas, la cebolla, el ajo, la pimienta, el vino y caldo suficiente para cubrir todo. Sazonar ligeramente. Llevar al hervor y espumar. Luego tapar y hervir a fuego fuerte 1½ horas. A mitad de la cocción, dar vuelta el pollo para que se cocine parejo.
3 Mientras tanto, calentar el horno a 190 °C/Temp 5. Rellenar las ciruelas reservadas con el relleno. Disponer el relleno restante en una asadera enmantecada y distribuir encima las ciruelas rellenas. Cubrir con papel de aluminio y hornear durante 30-40 minutos.
4 Cuando el pollo esté cocido, quitar de la cacerola, envolver en papel de aluminio y mantener caliente. Trinchar y servir cubierto con salsa *velouté*, junto con el relleno y las ciruelas.

SALSA VELOUTÉ
Véase p. 69 para la receta de esta salsa.

◁ PARA SERVIR
Cortar en porciones el relleno horneado y poner algunas ciruelas rellenas con cada una.

48 PECHUGAS DE POLLO RELLENAS

4 porciones

Ingredientes

4 pechugas de pollo grandes, sin piel ni hueso
125 g de queso de cabra
2-3 cucharadas de crema de leche
1 ramito de albahaca, picada
1 ramito de perejil, picado
3 ramitas de tomillo, picadas
el jugo de 1/2 limón
sal y pimienta

Salsa de tomates a la manteca

3 chalotas, picadas
250 ml de vino blanco
125 g de manteca, en cubos
15 ml (1 cucharada) de puré de tomates

1 △ Aplastar las pechugas (*véase p. 16*). Pisar el queso y agregar crema si es muy seco. Mezclar con las hierbas y el jugo de limón y sazonar. Esparcir el relleno.

2 △ Doblar el filete pequeño (*véase p. 16*) sobre el relleno, a lo largo, y enrollar comenzando por la parte doblada. Doblar hacia adentro los extremos del rollo, para que el relleno quede sellado. Cortar 4 trozos grandes de papel de aluminio para envolver.

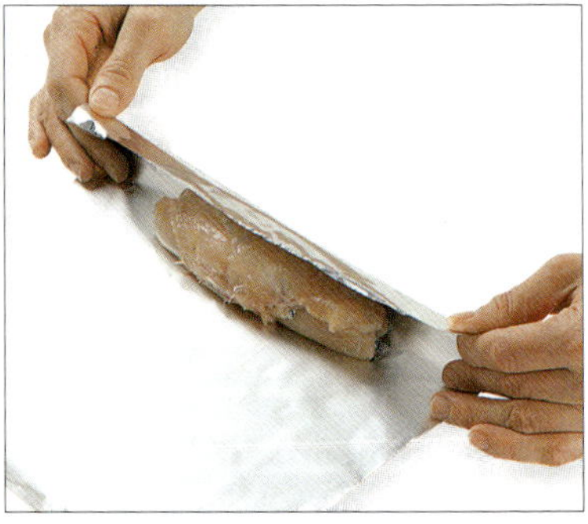

3 △ Poner los rollos sobre los papeles y envolver apretando. Retorcer los extremos firmemente para sellar. Hervir durante 15 minutos. Retirar y mantener calientes.

4 △ Sazonar la chalota y el vino y hervir hasta que adquiera brillo. Retirar del fuego e incorporar la manteca, batiendo. Poner a fuego mínimo y agregar el puré.

5 △ Desenvolver sobre papel de cocina para que absorban el agua. Cortar en diagonal en tajadas de 1 cm de espesor. Distribuir en los platos.

PARA SERVIR
Servir con tomates cherry y pequeños zucchini

FRITURAS

49 SALTEAR

Cuando saltee, utilice pechugas de pollo sin piel ni huesos. Cortar las pechugas en tiras muy finas, todas del mismo tamaño, para que se cocinen parejas. El carácter de un salteado depende del condimento y, cuando se trata de pollo, existen muchas opciones posibles *(véase marinadas en p. 48)*.

50 *SAUTÉ* DE POLLO ORIENTAL

4 porciones

Ingredientes

30 g de hongos chinos secos
2 pechugas de pollo cortadas en tiras
60 ml (4 cucharadas) de salsa de soja
60 ml (4 cucharadas) de vino de arroz o jerez seco
2 cucharaditas de harina de maíz
90 ml de aceite vegetal
1 cebolla mediana, en rodajas finas
4 tallos de apio, cortados finamente en diagonal
500 g de bróculi/brócoli, separado en flores
5 ml de aceite de sésamo
45 g de almendras fileteadas y tostadas

1 △ Remojar los hongos 30 minutos, escurrir reservando el líquido y cortar. Mezclar el pollo con la salsa, el vino y la harina. Calentar la mitad del aceite en un *wok* (sartén china) y freír las verduras durante 3-4 minutos.

2 ◁ Retirar las verduras cuando estén tiernas y crujientes y mantener caliente. Calentar el resto del aceite en el *wok*. Escurrir reservando la marinada y freír a fuego vivo durante 2 o 3 minutos.

Devolver las verduras calientes al wok

3 △ Devolver las verduras calientes al *wok* y freír hasta que estén bien mezcladas. Añadir 60 ml (4 cucharadas) del líquido de los hongos.

4 △ Verter la marinada reservada y cocinar, revolviendo, durante 2 minutos, hasta que espese ligeramente. Rociar con aceite de sésamo y almendras tostadas.

PARA SERVIR

Los fideos chinos al huevo son el acompañamiento ideal para este plato.

51 FREÍR EN SARTÉN

El pollo se puede freír en una sartén en manteca, aceite vegetal o grasa de tocino, con un baño de harina sazonada, para que no se seque.

52 POLLO FRITO CON TOCINO

4 porciones

Ingredientes

1,6 kg de pollo en trozos
500 ml de leche
60 g de harina condimentada
con dos cucharaditas de pimienta
8-12 tajadas de tocino/panceta
Salsa
15 g de harina
375 ml de leche
unas gotas de salsa de tabasco
sal y pimienta

1 Remojar el pollo en leche durante 8-12 horas, tapado. Escurrir y cubrir ligeramente con la harina.
2 Freír el tocino hasta que esté dorado y crocante y libere la grasa. Secar las tajadas sobre papel de cocina y mantener calientes.
3 Freír el pollo en la grasa del tocino a calor moderado hasta que esté dorado y tierno. Poner sobre papel de cocina y mantener caliente.
4 Para preparar la salsa, dorar la harina en una sartén, agregar la leche y batir hasta que espese. Agregar unas gotas de salsa de tabasco y sazonar. Triturar el tocino/panceta sobre las presas de pollo y servir con la salsa.

53 POLLO FRITO SUREÑO

4 porciones

Ingredientes

1,6 kg de pollo en trozos
500 ml de leche
60 g de harina condimentada
con 2 cucharaditas de pimienta
250 ml de aceite vegetal
Salsa
15 g de harina
375 ml de leche
sal y pimienta

PARA SERVIR
Disponer el pollo sobre una fuente y presentar la salsa separado.

1 △ Poner el pollo en un bol, verter encima la leche, tapar y dejar en remojo durante 8-12 horas. Luego escurrir. Poner la harina en una fuente plana y recubrir las presas de pollo en forma pareja, sacudiendo el exceso.

2 △ Calentar el aceite en una sartén. Dorar las presas por todos lados durante 3 a 5 minutos, reducir el calor y cocinar hasta que estén doradas y tiernas al pincharlas con un tenedor. Retirar a medida que estén listas.

3 △ Pasar las presas a una fuente cubierta con papel absorbente y mantener calientes. No tapar, porque el rebozado se ablandaría. Desechar toda la grasa de la sartén, salvo dos cucharadas. Espolvorear la harina sobre la grasa y revolver hasta que esté dorada. Verter la leche batiendo y cocinar unos dos minutos, hasta que la salsa esté suave y espesa. Sazonar a gusto y servir en una salsera.

54 FREÍR EN ABUNDANTE ACEITE

El propósito de emplear mucho aceite al freír es sellar la comida, de modo que los sabores y los jugos queden dentro de una costra crocante. El pollo frito en abundante aceite suele tener mucho éxito, pero debe tener alguna cobertura que lo proteja del calor. La mejor protección es una capa de harina con huevo y pan rallado. La cantidad de aceite también es importante: en la sartén debe haber al menos 2 cm. No freír comida demasiado fría y echar al aceite en porciones pequeñas.

55 TEMPERATURA DEL ACEITE

Los mejores aceites son el de maní y el de maíz, ya que son suaves y se queman a temperaturas más altas. Caliente el aceite a 180 °C; medir con un termómetro especial o con una miga de pan fresco, que debe dorarse en 30 segundos.

CONTROLAR LA TEMPERATURA DEL ACEITE

56 POLLO POJARSKI

4 porciones

Ingredientes

6 pancitos tipo brioche
125 ml de leche
425 g de pechugas de pollo sin piel
45 ml (3 cucharadas) de crema doble
nuez moscada rallada
sal y pimienta
30 g de harina condimentada
1 huevo
abundante aceite para freír

1 △ Cortar 4 pancitos en cubos y reservar. Romper en trozos el resto, ponerlos en un bol, verter encima la leche y dejar en remojo durante 5 minutos. Presionar para quitar el exceso de leche. Cortar el pollo en pequeños trozos. Pasar éstos junto con el pan remojado por la picadora, o procesar; cuidar que no quede demasiado deshecho.

2 △ Con una cuchara de madera, incorporar la crema a la mezcla de pollo, agregar una pizca de nuez moscada y sazonar. Con las manos húmedas, formar 4 bollos y achatarlos ligeramente. Rebozar los bollos en forma pareja con harina condimentada, quitando el exceso. Pintar con huevo batido y escurrir.

3 △ Poner los cubos de pan en un bol. Pasar cada bollito de pollo por estos cubos, dando golpecitos hasta que estén cubiertos por todas partes. Enfriar sin tapar en la heladera durante unos 30 minutos para que los bollos se afirmen. Calentar el horno a 190 °C. Calentar el aceite en una sartén profunda a 180 °C.

4 △ Freír los bollos (1 o 2 por vez) durante 2 o 3 minutos, hasta que estén dorados. Cuando estén fritos, pasar a una asadera con una espumadera. Hornear durante 25 a 30 minutos, hasta que al pinchar un tenedor en el centro salga caliente. Cubrir con papel de aluminio si se doran demasiado rápido. Poner sobre platos precalentados y salsear alrededor.

PARA SERVIR

Servir con salsa de tomates (véase p. 67) y kasha (granos de trigo sarraceno).

ASADOS AL GRILL Y A LA PARRILLA

57 ASAR EN EL GRILL

El pollo se debe asar en cortes grandes, con bastante hueso como para dispersar el calor. Las aves pequeñas se asan particularmente bien en el grill. También es útil marinar el pollo antes de asarlo, o pintarlo con manteca derretida.

58 MUSLOS DE POLLO EN YOGUR

4 porciones

Ingredientes
8 muslos de pollo
250 ml de yogur
sal y pimienta
aceite vegetal

1 Poner el pollo y el yogur en un bol y sazonar. Dar vuelta para cubrir por todas partes, tapar y marinar en el refrigerador de 3 a 4 horas.

2 Calentar el grill del horno y untar la rejilla con aceite. Sacar el pollo de la marinada, eliminar el yogur y secar con papel de cocina. Disponer sobre la rejilla.

3 Asar los muslos de pollo a 7 cm de la fuente de calor hasta que estén bien dorados. Dar vuelta y cocinar del otro lado hasta que se dore bien y el jugo salga claro al pinchar. Servir con *tabbouleh* y salsa de coriandro.

SALSA DE CORIANDRO
Véase la receta en p. 68.

59 CÓMO APLASTAR EL POLLO

Poner el pollo con la pechuga hacia abajo y cortar el lomo a ambos lados del espinazo. Retirar el hueso y la piel sobrante. Abrir el pollo y retirar el hueso de la suerte. Volverlo con la pechuga hacia arriba y cortar las puntas de las alas. Con las palmas, apretar fuertemente la pechuga para romper el hueso central y aplastar el ave. Hacer un pequeño corte en la piel entre la pierna y el hueso de la pechuga en ambos lados y pasar las piernas por ellos.

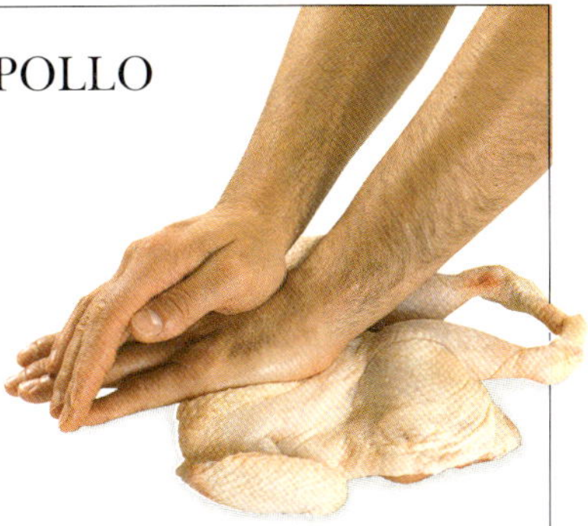

PARA APLASTAR
Usar ambas manos para romper el hueso de la pechuga.

60 POLLO ENDIABLADO

4 porciones

Ingredientes

1 pollo de 1,4 kg
2 ajíes/chiles rojos frescos
125 ml de jugo de limón
30 ml de aceite de oliva
sal y pimienta

1 Abrir y aplastar el pollo *(véase arriba)* y poner en una fuente grande. Quitar el centro y las semillas de los ajíes, picar y mezclar con el jugo de limón, 1 cucharada de aceite de oliva y 2 cucharaditas de pimienta negra. Verter la mezcla sobre el pollo, tapar y marinar en el refrigerador durante 8 horas, dando vuelta de vez en cuando.

2 Calentar el grill y pincelar la rejilla con aceite. Retirar el pollo de la marinada, ensartar 2 pinchos para mantener plano y disponer sobre la rejilla con la piel hacia arriba. Espolvorear con sal.

3 Asar a 20 cm de la fuente de calor durante 15-20 minutos, salseando con la marinada hasta que la piel esté dorada. Dar vuelta y continuar asando otros 20-30 minutos más, hasta que el jugo salga claro.

PARA SERVIR
Servir con tomates asados con una cubierta de pan rallado.

61 POLLITOS ASADOS
2 porciones

Ingredientes

2 pollitos
30 g de manteca derretida
aceite vegetal para pincelar
sal y pimienta
1 cucharada de mostaza de Dijon
15 g de pan rallado

SALSA DE HONGOS
Véase la receta en p. 68.

PARA SERVIR
Servir con papas fritas y salsa de hongos.

1 △ Abrir y achatar los pollitos (*véase p. 45*). Ensartar un pincho a través de las alas para mantenerlo chato y luego un segundo pincho a través de las patas. Pincelar los pollitos en forma uniforme con la mitad de la manteca derretida y sazonar.

2 △ Calentar el grill del horno. Aceitar la rejilla y disponer los pollos encima, con la piel hacia arriba. Asar a 7 cm de la fuente de calor durante 15 minutos, salseando una vez con un poco de la manteca que queda.

3 △ Dar vuelta los pollitos con un tenedor de 2 pinchos y pincelar el otro lado con el resto de la manteca. Asar 10 minutos del otro lado. Si los pollitos se doran demasiado rápido, apartar la rejilla de la fuente de calor.

4 △ Poner nuevamente los pollitos con la piel hacia arriba, pincelar con la mostaza y espolvorear pan rallado. Asar unos 10 minutos más, hasta que el muslo esté tierno al pincharlo.

62 POLLO ASADO CON MANTECA DE HIERBAS

Ingredientes

1 pollo de 1,4 kg
1 ramito pequeño de estragón, picado
1 ramito pequeño de perifollo, picado
2 dientes de ajo, picados
1 cucharadita de jugo de limón
125 g de manteca blanda
sal y pimienta

Aplastar el pollo (*véase p. 45*). Batir las hierbas, el ajo y el jugo de limón con la manteca y sazonar. Con los dedos, levantar la piel de la pechuga y los muslos y poner manteca bajo la piel. Hincar los pinchos en el pollo y asar 20 minutos con la piel hacia arriba y 15 minutos del otro lado. Dar vuelta nuevamente y salsear con el jugo de cocción, asando de 10 a 15 minutos más.

PARA SERVIR
Trocear el pollo en 4 piezas y servir con perifollo o estragón fresco.

63 POLLO A LA PARRILLA

Es muy popular asar a las brasas alas, muslos, patas o brochetas de pollo. Tener cuidado de no asar demasiado. Si bien la parrilla de carbón da muy buen sabor, el calor intenso puede secar rápidamente las carnes delicadas. Es bueno usar marinadas o pincelar la carne con aceite o manteca/mantequilla derretida.

64 MARINADAS

Las presas de pollo y los pinchos o *brochettes* se suelen marinar antes de freír o asar. La marinada tierniza, añade sabores y protege la carne del calor de la llama. El tipo de aceite que se use –oliva, sésamo, maní o maíz– y el condimento que se elija le darán carácter. Empezar con cebolla de verdeo, ajo, jengibre fresco y chalota, agregando un toque de vinagre, limón o salsa de soja. Probar la marinada griega de yogur y orégano o la asiática de salsa de soja, vino de arroz y ajíes picantes. Las piezas de pollo no deben tener piel, para que los sabores penetren en la carne, y deben marinarse en el refrigerador de 2 a 3 horas.

REVOLVER PARA CUBRIR BIEN

65 POLLITOS A LA PARRILLA

4 porciones

Ingredientes
4 pollitos
Marinada
125 ml de aceite de oliva
45 ml de jugo de limón
1 cucharadita de granos de pimienta triturados
1 cucharadita de ají molido
sal

1 Abrir y aplastar los pollitos (*véase p. 45*). Ensartar pinchos atravesando las alas y las patas para mantenerlos planos.
2 Batir juntos el aceite de oliva, el jugo de limón, la pimienta y el ají molido. Verter sobre los pollos y pincelar para cubrir bien. Marinar durante tres horas, dando vuelta de vez en cuando.
3 Asar en el grill de la cocina o en la parrilla de carbón durante 25-30 minutos, hasta que estén dorados.

66 PATITAS ENDIABLADAS

4 porciones

Ingredientes

8 patas de pollo
aceite vegetal para pincelar

Mezcla endiablada

2 cucharadas de chutney de mango
125 g de manteca derretida
2 cucharadas de puré de tomates
2 cucharadas de salsa Worcestershire
1 cucharadita de nuez moscada rallada
1/2 cucharadita de pasta de anchoas
sal y pimienta
1 pizca de pimienta de Cayena

1 Preparar primero la mezcla endiablada. Picar los trozos grandes de fruta que se encuentren en el chutney y mezclar con el resto de los ingredientes.

2 Calentar el grill y pintar la rejilla con aceite. Quitar la piel de las patas y hacer varios cortes en diagonal con un cuchillo filoso.

3 Pincelar las patas con la mezcla endiablada, haciendo que penetre en los cortes. Disponer en la rejilla aceitada.

4 Asar a 10 cm de la fuente de calor, dando vuelta una vez. Salsear con frecuencia con el resto de la mezcla endiablada o con jugo de cocción. Cocinar unos 10-12 minutos de cada lado, hasta que estén bien doradas y tiernas.

5 Servir las patitas frías o calientes, con ensalada de papas a la vinagreta y perejil y cebollín picados.

PARA SERVIR

Servir las patitas con ensalada de papas a la vinagreta.

67 KEBABS DE INDONESIA

6 porciones

Ingredientes

1,6 kg de pechugas de pollo sin piel ni hueso

Marinada

3 chalotas, finamente picadas

2 dientes de ajo, finamente picados

1/2 cucharadita de ají molido

2 cucharaditas de coriandro molido

2 cucharaditas de jengibre rallado

45 ml (3 cucharadas) de salsa de soja

30 ml (2 cucharadas) de vinagre de vino

30 ml (2 cucharadas) de aceite vegetal

PARA SERVIR

Servir los kebabs con una ensalada mixta y salsa de maní.

1 △ Cortar cada pechuga en mitades a lo largo y luego en tiras finas del mismo tamaño. Poner los demás ingredientes en un bol grande y mezclar bien.

2 △ Incorporar las tiras de pollo al bol y dar vuelta hasta que estén bien bañadas por la marinada. Cubrir con film transparente y refrigerar durante 3 horas, o 12 como máximo.

3 △ Ensartar las tiras en varillas de bambú humedecidas, formando ondas y pinchando 3 tiras en cada varilla, retorciendo ligeramente. Asar los kebabs a 5-7 cm de la fuente de calor durante 2-3 minutos, hasta que estén dorados. Dar vuelta y asar del otro lado durante 2-3 minutos más.

SALSA DE MANÍ
Véase la receta en p. 69.

HORNEADOS

68 POLLO AL HORNO

En el horno los jugos se mantienen sellados dentro del pollo, ya sea que se utilice una asadera, un *tajine* de barro o una cazuela, o se envuelva en papel o en aluminio *(en papillote)* o se cubra con masa.

69 POLLO CON ESPECIAS A LA MARROQUÍ

4 porciones

Ingredientes

500 g de tomates
6 cebollas
1,6 kg de pollo en trozos
1 pizca abundante de azafrán
2-3 ramitas de perejil picado
75 g de damascos/chabacanos secos
2 cucharadas de miel
2 cucharaditas de canela molida
1 cucharadita de jengibre rallado
sal y pimienta
125 ml de aceite de oliva

1 Calentar el horno a 180 °C. Pelar, quitar las semillas y picar los tomates. Cortar en rodajas 4 cebollas y picar finamente las demás. Poner el pollo en un *tajine* o una cazuela pesada y cubrirlo con las cebollas en rodajas y los tomates.

2 Mezclar los demás ingredientes en un bol y esparcir sobre el pollo dejando una capa pareja.

3 Tapar bien y hornear alrededor de 1½ horas, hasta que el pollo esté tierno al pincharlo con un tenedor.

PARA SERVIR

Servir con cuscús y relleno de almendras *(véase p. 25)*

70 PASTEL DE POLLO Y JAMÓN

8-10 porciones

Ingredientes

750 g de pechugas de pollo, sin piel ni hueso
375 g de carne magra de cerdo picada
375 g de jamón magro, en cubos
9 huevos, 6 de ellos duros
la cáscara de 1/2 limón
1 cucharadita de tomillo seco
1 cucharadita de salvia seca
1 pizca de nuez moscada rallada

Masa

500 g de harina
2 cucharaditas de sal
75 g de manteca
75 g de grasa
150 ml de agua

PARA SERVIR
Desmoldar el pastel cuando esté frío.

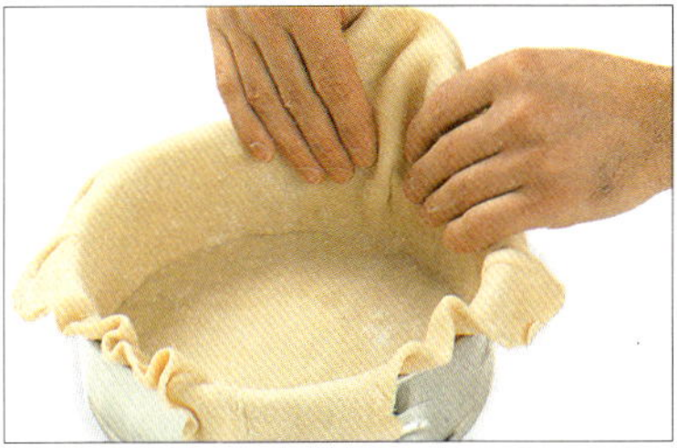

1 △ Preparar la masa en una procesadora y enfriar. Estirar tres cuartas partes de ella hasta que tenga 5 mm de espesor y forrar un molde engrasado de 20 cm de diámetro, dejando alrededor un sobrante de 1 cm.

2 △ Calentar el horno a 200 °C/Temp. 6. Cortar en cubos dos pechugas de pollo, picar el resto y mezclar ambas con el cerdo y el jamón. Incorporar 2 huevos batidos, la cáscara de limón, el tomillo, la salvia, la nuez moscada, la sal y la pimienta. Distribuir la mitad de la mezcla en el molde, disponer encima los huevos duros y la masa.

3 △ Pincelar con huevo batido. Estirar el resto de la masa y, con los recortes, formar hojas. Cubrir con la tapa, apretando los bordes. Pincelar con huevo, disponer las hojas y pincelar nuevamente. Hacer un hueco para que salga el vapor. Hornear durante 1 hora, bajar la temperatura y hornear otra media hora. Dejar enfriar y llevar al refrigerador.

ENSALADAS Y PLATOS FRÍOS

71 DESHUESAR POLLO PARA PLATOS FRÍOS

Para deshuesar un pollo cocinado, primero debe cortar entre la pata y el cuerpo. Luego, torcer la pata hacia afuera, cortar y separar. Hacer después un corte a lo largo del hueso de la pechuga, desprender la carne y retirar cada mitad en una pieza única. Quitar el hueso de la suerte.

CORTAR LA PATA POR LA ARTICULACIÓN Y DESPRENDER

72 ENSALADA COBB

4-6 porciones

Ingredientes

175 g de panceta cortada en tiras
500 g de carne de pollo cocida, sin huesos
1 chalota/cebollita azul, finamente picada
vinagreta (véase p. 57)
500 g de hojas de lechuga en juliana
2 tomates grandes, en rodajas finas
90 g de queso roquefort
2 paltas/aguacates, peladas y cortadas a lo largo

1 Freír el tocino hasta que se dore. Escurrir en papel absorbente.
2 Condimentar el pollo y la chalota con un tercio de la vinagreta. Mezclar la lechuga con otro tercio de la vinagreta.
3 Disponer la ensalada en platos y aliñar con el resto de la vinagreta.

PARA SERVIR

Rociar la palta/aguacate con jugo de limón, si es necesario, para que no oscurezca.

73 POLLO CON ARROZ AL AZAFRÁN
4-6 porciones

Ingredientes

500 g de pollo cocido
45 ml (3 cucharadas) de jugo de limón
90 ml de aceite vegetal
1/2 cucharadita de páprika o pimentón
tomates cherry pelados

Arroz al azafrán

1 pizca abundante de azafrán
300 g de arroz de grano largo
3 tallos de apio en rodajas finas

Aderezo al curry

1 cebolla, finamente picada
90 ml de aceite vegetal
1 cucharada de curry en polvo
60 ml (4 cucharadas) de jugo de tomate
60 ml (4 cucharadas) de vinagre de vino
2 cucharadas de mermelada de damascos/chabacanos
30 ml (2 cucharadas) de jugo de limón
250 g de queso cottage
sal y pimienta

1 Llevar al hervor 750 ml de agua, con el azafrán y sal. Revolver durante 2 minutos. Echar el arroz y hacer que vuelva a hervir. Tapar y cocer unos 15-20 minutos, hasta que esté tierno.

2 Para preparar el aderezo, freír la cebolla en 1 cucharada de aceite, hasta que esté blanda pero no dorada. Agregar el curry y revolver suavemente durante 2 minutos. Añadir el puré de tomates y el vinagre y cocinar hasta reducir a la mitad. Añadir la mermelada y enfriar.

3 Procesar el aderezo hasta que esté homogéneo y añadir entonces el jugo de limón y el queso. Agregar lentamente el resto del aceite. Sazonar.

4 Desmenuzar el pollo y mezclarlo con la mitad del aderezo al curry. Preparar una vinagreta con el jugo de limón y el aceite, y agregar al arroz con el apio. Mezclar con 2 tenedores.

5 Disponer la ensalada de arroz en una fuente y poner el pollo encima. Espolvorear con páprika.

PARA SERVIR
Adornar con tomates cherry pelados

74 *MOUSSE* DE POLLO

4 porciones

Ingredientes

500 g de pechuga de pollo
2 claras de huevo
sal y pimienta
1 pizca de nuez moscada rallada
175 ml de crema doble
2 zucchini, en rodajas finas
manteca derretida para engrasar

PARA SERVIR
Servir con tostadas y salsa de madeira

1 △ Picar finamente el pollo y poner en un bol dentro de otro más grande lleno de agua helada. Batir las claras y mezclar con el pollo. Sazonar y añadir la nuez moscada. Añadir poco a poco la crema, siempre batiendo y enfriar hasta que esté firme.

2 △ Blanquear las rodajas de zucchini y escurrir. Enmantecar 6 moldes individuales y forrar los fondos con papel impermeable. Pincelar con manteca derretida y forrar las cazuelas con rodajas de zucchini superpuestas en círculos.

3 △ Calentar el horno a 180 °C/Temp. 4. Llenar los moldes (con una cuchara) con la mezcla de pollo y emparejar las superficies. Disponer los moldes en una asadera y verter agua hirviendo hasta la mitad de ellos. Llevar el agua al hervor sobre una hornalla.

4 △ Cubrir la asadera con papel impermeable y hornear de 20 a 30 minutos, hasta que al pinchar el centro de un molde, el pincho salga caliente. Quitar el exceso de líquido, desmoldar y dejar enfriar.

75 ENSALADA TEX-MEX

4-6 porciones

Ingredientes

500 g de pollo cocido, en lonjas finas
1 chalota/cebollita azul, finamente picada
1 lechuga capuchina en juliana
2 tomates grandes, en rodajas finas
1 ají picante/chile rojo grande, sin el centro ni semillas, en cubos pequeños.
175 g de granos de choclo/elote, escurrido
1-2 ajíes picantes, sin semillas y finamente picados

Vinagreta

60 ml (4 cucharadas) de vinagre de vino tinto
2 cucharadas de mostaza de Dijon
175 ml de aceite vegetal
sal y pimienta
3 ramas de estragón, finamente picado

1 Mezclar el vinagre, la mostaza, el aceite, la sal y la pimienta, y añadir luego el estragón.
2 Condimentar el pollo y la chalota con un tercio del aderezo. Condimentar la lechuga con otro tercio del aderezo.
3 Disponer la ensalada en los platos, rociar con el resto del aderezo y espolvorear el ají picante picado.

PARA SERVIR
Los bocaditos de tortilla crean un crocante contraste.

76 Hígados de pollo

El hígado no debe ser oscuro ni tener olor fuerte. Tampoco debe estar manchado de verde por la hiel. Añaden riqueza a las terrinas y se pueden usar para preparar paté. Hay que cuidar de no cocinarlos de más, ya que se secan.

77 Ensalada de hígado de pollo

4 porciones

Para servir

Mezclar la ensalada con los jugos de cocción calientes y espolvorear cebollín.

Ingredientes

250 g de lechuga partida a mano
125 g de panceta/tocino en cubos
75 ml de aceite vegetal
4 rebanadas de pan francés, cortadas en cubos
250 g de hígados de pollo, cortados
sal y pimienta
3 chalotas/cebollitas azules, finamente picadas
1 diente de ajo, finamente picado
15 ml de vinagre de frambuesas
cebollín picado, para adornar

Poner la lechuga en un bol. Freír el tocino en aceite y agregar. Freír el pan e incorporar. Freír el hígado hasta que esté dorado, pero rosado por dentro. Agregar a la ensalada y sazonar. Cocinar la chalota y el ajo durante 1 minuto, añadir el vinagre, reducir a la mitad, agregar a la ensalada y mezclar.

78 Paté de hígado de pollo

El pollo suele ser el ingrediente principal de ricos y suaves patés, que se distinguen por sus sabores particulares. La manzana o el coñac combinan muy bien con el hígado de pollo. Los ingredientes húmedos se deben usar con precaución, ya que de lo contrario los patés quedan demasiado blandos y no mantienen su consistencia. El hígado de pollo no se debe cocinar de más, pues se vuelve seco y arenoso. Cortar los hígados y freír a fuego suave en aceite o manteca hasta que estén dorados, pero rosados por dentro. Machacar con manzana, ajo y coñac, o vino y chalotas. Sazonar a gusto y poner en un bol para servir o moldes individuales. Cubrir con una capa de manteca derretida o grasa, para sellar.

79 TERRINA CAMPESTRE

Cocinar las terrinas en un molde de barro, con tapa que ajuste bien. Se debe forrar el molde con grasa de cerdo o con tiras de panceta/tocino gorda. Preparar una mezcla con 500 g de cerdo picado, 250 g de carne de ternera picada e hígado de pollo picado. Añadir cebolla picada, salteada en manteca, una pizca de pimienta de Jamaica molida, nuez moscada rallada y clavo de olor molido, 2 dientes de ajo picados, 2 huevos y 2 cucharadas de coñac. Esparcir un tercio de la mezcla en la terrina y agregar 125 g de tiras de jamón. Cubrir con otro tercio de la mezcla, agregar otros 125 g de tiras de jamón y el resto de la mezcla. Cubrir con tiras de grasa, una rama de tomillo y una hoja de laurel. Tapar y hornear a baño María en horno precalentado a 180 °C/Temp. 4, durante 1½ horas. Enfriar.

COCINAR LA TERRINA EN UN MOLDE.

80 GALANTINAS

Una galantina es un arrollado preparado con un pollo deshuesado, manteniendo la piel en una sola pieza. La piel se rellena con la carne del pollo picada, el hígado y otras carnes, tiras de jamón, cebolla picada, hierbas, especias, ajo y huevo batido. Se da a la galantina la forma de un cilindro, de modo que resulte fácil de cortar, luego se la envuelve en una tela y se la cocina en caldo. A menudo se sirve fría y, frecuentemente, dentro de una gelatina.

SERVIR LA GALANTINA FRÍA, CON GELATINA

81 ARROLLADOS

Un arrollado también se prepara con pollo deshuesado, rellenando la piel con una mezcla de carne de pollo, hierbas y especias. El arrollado se puede enrollar o se puede coser para darle la forma de un almohadón. Se hierve o se asa, para servir caliente con una rica salsa, hecha con el líquido de la cocción o presentar fría, en una gelatina como la galantina.

ARROZ Y FIDEOS

82 CURRY DE POLLO
6 porciones

Ingredientes
1,6 kg de pollo en trozos
sal y pimienta
60 ml de aceite vegetal
1 berenjena grande, en cubos
1 cebolla, finamente picada
5 dientes de ajo, picados
2 cucharaditas de raíz de jengibre picada
2 cucharadas de garam masala
1 cucharada de harina común
500 g de tomates picados
500 g de garbanzos en lata, escurridos

PARA SERVIR
Servir con arroz al azafrán.

Sazonar el pollo. Dorar en una cacerola grande y retirar. Dorar la berenjena y retirar. Agregar la cebolla, el ajo y el jengibre y cocinar hasta que se ablanden. Añadir el *garam masala* y la harina y cocinar durante 2 minutos. Añadir los tomates, el pollo y el agua y cocinar durante 20 minutos. Agregar la berenjena y los garbanzos y cocinar hasta que el pollo esté tierno.

83 PAELLA
8-10 porciones

Ingredientes
3 cebollas, picadas
2 ajíes verdes/chiles, sin corazón ni semillas, en rodajas
60 ml de aceite de oliva
650 g de arroz de grano corto
1,5 l de caldo de pollo
1 pizca abundante de azafrán, remojado en agua caliente
3 dientes de ajo, triturados
sal y pimienta
500 g de calamares preparados, en rodajas
500 g de jamón ahumado, en tiras
500 g de chorizo, en rodajas
750 g de tomates, pelados y picados
500 g de arvejas/chícharos, cocidas
500 g de pechuga de pollo, cortada en tiras
750 g de langostinos sin pelar
1,4 kg de mejillones en su valva, limpios

Cocinar la cebolla y el pimiento en aceite, hasta que estén blandos. Agregar el arroz y revolver, hasta que esté trasparente. Añadir el caldo, el azafrán, el ajo y sazonar. Añadir los calamares, el jamón, el chorizo, los tomates, las arvejas/chícharos y el pollo en capas. Tapar y cocinar hasta que el arroz esté tierno. Agregar los langostinos y los mejillones en los últimos 10 minutos.

84 POLLO MALAYO

6 porciones

Ingredientes

6 chalotas/cebollitas azules, en rodajas
3 dientes de ajo, aplastados
3 ajíes/chiles rojos picantes secos, sin semillas
1 1/2 cucharaditas de cúrcuma molida
1 cucharada de coriandro molido
7 cm de raíz de jengibre, en rodajas
30 ml (2 cucharadas) de aceite vegetal
750 g de pollo hervido, en cubos
60 ml de caldo de pollo
250 g de langostinos pelados
250 g de tofu en cubos
250 g de brotes de soja
125 g de fideos de arroz, escurridos
500 ml de leche de coco

1 Procesar la chalota, el ajo, el ají, la cúrcuma, el coriandro y el jengibre, hasta tener una pasta suave. Calentar el aceite en un *wok* (sartén china de fondo curvo), echar la pasta y freír 2 minutos.
2 Incorporar el pollo y el caldo y cocer 20 minutos. Añadir los langostinos, el tofu, los brotes de soja, los fideos y la leche de coco. Cocinar otros 5 minutos.

PARA SERVIR
Espolvorear con cebolla de verdeo picada fino.

85 NASI GORENG

4 porciones

PARA SERVIR
Agregar salsa de soja a gusto

Ingredientes

1 diente de ajo, picado
1 cebolla, picada
2 cucharaditas de pasta de camarones
1 cucharadita de ají molido
45 ml de (3 cucharadas) de aceite
175 g de pechuga de pollo sin piel, en tiras
125 g de langostinos grandes, pelados
250 g de arroz de grano largo, cocido
2 cebollas de verdeo
30 ml (2 cucharadas) de salsa de soja dulce
1 omelette de 2 huevos, cortada en tiras

1 Procesar el ajo, la cebolla, la pasta de camarones y el ají hasta tener una pasta. Freír en una cucharada de aceite. Agregar el pollo y los langostinos. Freír durante 3 minutos y retirar.
2 Calentar el resto del aceite y freír el arroz frío. Añadir las cebollas de verdeo, la salsa de soja, las tiras de *omelette*, el pollo y los langostinos y freír hasta que todo esté caliente.

SOPAS Y CALDOS

86 CALDO DE POLLO

El caldo de pollo es un ingrediente indispensable para salsas y sopas. Poner 1 kg de huesos de pollo crudo o una gallina en una olla con cebolla, zanahoria, apio, un ramito de hierbas y 5 granos de pimienta. Agregar agua hasta cubrir y hervir durante 3 horas, espumando. Colar y enfriar. Mantener el caldo tapado en el refrigerador hasta 3 días. También se puede congelar.

DESGRASAR EL CALDO

87 PREPARACIÓN DE LA SOPA DE POLLO

La sopa de pollo más simple es la que resulta de hervir un pollo entero, como en el *Poule au pot* (*véase p. 34*). Cuanto más tiempo cueza la sopa, más sabor tendrá. Agregar 125 g de buenos fideos y hervir durante 5 minutos o poner rebanadas de pan tostado en los platos y luego servir la sopa.

88 CONSOMÉ DE POLLO

Para 1 litro

Ingredientes

2 zanahorias, picadas
2 puerros, picados
2 ramas de apio, picadas
2 tomates, picados
375 g de menudos o trozos de pollo, sin piel
3 claras de huevo batidas
1,5 l de caldo de pollo
sal y pimienta

Mezclar en un bol las verduras, el pollo y las claras de huevo. Calentar el caldo y sazonar. Verter en el bol, batiendo y devolver todo a la olla. Llevar al hervor, batiendo por lo menos durante 10 minutos. Tan pronto como esté espumoso, dejar de batir. Hervir durante 30-40 minutos, pasar por un cedazo forrado con una servilleta y enfriar.

89 CONSOMÉ DE POLLO CON VINO MADEIRA

4-6 porciones

Ingredientes

2 zanahorias, en rodajas
2 tallos de apio, en trozos
2 puerros, sólo la parte verde
750 g de tomates, pelados
3 claras de huevo
375 g de alas de pollo
sal y pimienta
1,5 l de caldo de pollo
60 ml (4 cucharadas) de vino Madeira

PARA SERVIR
Adornar con tiras de tomate y servir con tostadas.

1 Procesar todas las verduras hasta que estén bien picadas. Batir las claras de huevo en un bol hasta que se hagan espuma. Añadir las verduras, las alas de pollo, la sal y la pimienta y mezclar bien. Verter el caldo de pollo en la mezcla y revolver. Verter la mezcla en una olla grande y llevar a hervor lento batiendo continuamente durante unos 10 minutos. Cuando el líquido esté espumoso y blanquecino, dejar de batir.

2 Bajar el fuego y con un cucharón, hacer un hoyo en la capa de verduras, de modo que el consomé pueda hervir. Cocinar hasta que el consomé esté claro y que se haya formado una capa sólida en la superficie. Pasar el consomé, con un cucharón, por un cedazo forrado con una servilleta húmeda, dejar filtrar lentamente. Eliminar la grasa que aparezca en la superficie con papel de cocina. Llevar al consomé casi al punto de hervor y agregar el vino Madeira.

90 POLLO GUMBO

6-8 porciones

Ingredientes

75 ml de aceite vegetal
30 g de harina
1 cebolla, finamente picada
2 dientes de ajo, picados
2 pimientos, sin semillas y en cubos
1 tallo de apio, en rodajas
500 g de quingombó/calalú, en rodajas
250 g de tomates, pelados y picados
2 cucharadas de puré de tomates
1 ramito de perejil, picado
3 ramitas de tomillo, picado
1 l de caldo
1/4 cucharadita de pimienta de Cayena
sal y pimienta blanca
12 muslos de pollo, sin piel
250 g de jamón, en cubos
300 g de arroz de grano largo

1 Calentar el aceite en una cacerola grande resistente al fuego. Añadir la harina y revolver a fuego bajo hasta que esté dorada.

2 Agregar la cebolla, el ajo, los pimientos y el apio, y revolver de 8 a 10 minutos, hasta que estén ligeramente dorados. Añadir el quingombó/calalú, los tomates, el puré de tomates, la mitad de las hierbas, la hoja de laurel, el caldo de pollo, la pimienta de Cayena, la sal y la pimienta y llevar al hervor.

3 Añadir los muslos empujándolos en la mezcla. Cocinar durante 30 minutos, revolviendo de vez en cuando. Agregar el jamón y cocinar otros 30 minutos, hasta que el pollo esté tierno.

4 Retirar del fuego. Dejar enfriar ligeramente, separar la carne de los muslos de sus huesos y desmenuzar. Devolver la carne a la cacerola.

5 Hervir el arroz hasta que esté tierno y escurrirlo. Recalentar la preparación y corregir el sazonamiento. Servir caliente.

PARA SERVIR
El acompañamiento tradicional es el arroz hervido.

91 SOPA JAPONESA DE POLLO

4 porciones

Ingredientes

60 g de fideos celofán
375 g de pechugas de pollo
1 zanahoria, en rodajas finas
250 g de tofu en cubos
1/2 repollo chino, rallado
4 cebollas de verdeo, en rodajas
4 hongos shiitake, en rodajas
8 almejas frescas, peladas
4 ostras, peladas

Salsa

el jugo de 1 limón
45 ml (3 cucharadas) de vino de arroz dulce
15 ml (1 cucharada) de vino de arroz
2,5 cm de algas kelp secas
1 cucharada de migas de bonito seco
75 ml de salsa de soja

Caldo

1 l de agua
10 cm de algas kelp secas
1 cucharada de migas de bonito seco
30 ml de salsa de soja
30 ml de vino de arroz dulce

1 Para preparar la salsa, mezclar en un bol el jugo de limón, los vinos de arroz, las algas *kelp*, el bonito y la salsa de soja. Dejar reposar por lo menos durante una hora y colar.

2 Para el caldo, llevar el agua al hervor con las algas kelp y colar, desechando éstas. Espolvorear las migas de bonito, dejar 5 minutos y colar con una gasa. Agregar la salsa de soja y el vino de arroz.

3 Remojar los fideos en agua caliente durante 30 minutos y escurrir. Quitar la piel al pollo y cortar en tiras finas.

4 Llevar el caldo al hervor, añadir el pollo y la zanahoria y cocinar durante 2-3 minutos. Agregar la mitad del tofu, las verduras y los fideos y cocinar otros 2-3 minutos. Poner la mitad de los mariscos y cocinar hasta que las ostras comiencen a arquearse.

5 Cuando esté listo, volver a hacer hervir la sopa, agregar el resto de los ingredientes y cocinar hasta que estén tiernos. Servir con la salsa.

PARA SERVIR

Poner la sopa sobre un calentador de mesa, para que los invitados puedan servirse con sus palillos.

SALSAS

92 SALSAS PARA POLLO

El pollo se puede servir con una gran variedad de salsas, frías o calientes. Las salsas tradicionales calientes son, entre otras, la manteca blanca, la *velouté*, las de hongos y la de tomates. Entre las salsas clásicas frías están la *chaudfroid*, para bañar platos elaborados, y la mayonesa.

93 MAYONESA

Para 300 ml

Ingredientes

2 yemas de huevo
sal y pimienta blanca
30 ml de vinagre blanco o 15 ml de jugo de limón (o más si es necesario)
1 cucharadita de mostaza de Dijon (optativa)
300 ml de aceite de maní o de oliva

1 Antes de comenzar, cuidar que todos los ingredientes estén a temperatura ambiente. En un bol pequeño, batir las yemas de huevo con sal y pimienta, la mitad del vinagre o limón y la mostaza, si la utiliza (la mostaza ayuda a emulsionar), hasta espesar.

2 Agregar el aceite gota a gota, batiendo continuamente. Después de verter 2 cucharadas de aceite, la mezcla debe estar bastante espesa. Agregar el aceite restante cucharada a cucharada o en un chorro lento, batiendo continuamente. Añadir el resto del limón o el vinagre y sazonar a gusto.

94 SALSA DE TOMATE

4 porciones

Ingredientes

30 ml de aceite vegetal
1 cebolla pequeña, picada
500 g de tomates, picados
1 diente de ajo, finamente picado
1 cucharada de puré de tomates
1 ramito de hierbas
125 g de hongos en rodajas

1 △ Calentar la mitad del aceite en una sartén y dorar la cebolla. Agregar los tomates, el ajo, el puré, el ramito y cocinar, revolviendo de vez en cuando, hasta que espese.

2 △ Retirar del fuego y pasar por un cedazo a un bol. Presionar con una cuchara de madera, para extraer toda la pulpa de tomate.

3 △ Calentar el aceite restante en una sartén pequeña. Agregar los hongos y freír hasta que estén tiernos, sin dejar que se doren. Añadir el tomate filtrado, revolver y controlar el sazonamiento.

95 MANTECA BLANCA

Hervir 3 cucharadas de vinagre de vino blanco con 2 chalotas, hasta que brillen. Agregar 1 cucharada de crema doble y volver a hervir hasta que tome brillo. Retirar del fuego y agregar 250 g de manteca en cubitos, batiendo. Recalentar y pasar por un cedazo.

96 SALSA MADEIRA

Cocinar 2 dientes de ajo y 2 chalotas finamente picados en manteca, hasta que estén tiernos. Agregar 3 cucharadas de vino Madeira y hervir hasta reducir. Añadir 1 cucharada de crema doble y reducir. Retirar del fuego y agregar 90 g de manteca en dados, batiendo.

97 SALSA DE HONGOS
2 porciones

Ingredientes
150 g de hongos, en rodajas
60 g de mantequilla/manteca
1 diente de ajo, finamente picado
2 chalotas/cebollitas azules, finamente picadas
60 ml (4 cucharadas) de vino blanco
1½ cucharada de mostaza de Dijon
375 ml de caldo de pollo
15 g de harina

1 Cocinar los hongos en 15 g de mantequilla/manteca hasta que estén tiernos. Reservar.
2 Cocinar el ajo y la chalota en 15 g de mantequilla/manteca hasta que esté tierna. Añadir el vino y el vinagre y reducir a 2 cucharadas. Agregar la mostaza y el caldo y mezclar bien. Añadir los hongos y cocer durante 5 minutos.

AÑADIR LOS HONGOS A LA SALSA DE MOSTAZA

3 Aplastar el resto de la mantequilla/manteca con la harina. Incorporar poco a poco esta pasta en la salsa, hasta que espese.

98 SALSA DE QUESO
Llevar al hervor 250 ml de leche. Derretir 15 g de mantequilla/manteca en una sartén pequeña y agregar 15 g de harina, batiendo hasta que se forme espuma. Retirar del fuego, enfriar ligeramente y colar sobre la leche, batiendo continuamente. Volver al fuego, batiendo hasta que espese. Retirar y agregar 1 yema batida y 4 cucharadas de queso parmesano rallado. Sazonar a gusto. No volver a la hornalla, porque el queso se pondría pegajoso.

99 SALSA DE CORIANDRO
Freír una cebolla picada en 2 cucharadas de aceite, hasta que esté tierna. Añadir 1 cucharada de coriandro triturado y 1 diente de ajo picado y cocinar a fuego suave durante 2-3 minutos. Procesar la mezcla junto con 250 ml de yogur natural y 2 ramitas de coriandro. Devolver a la sartén, añadir 125 ml de crema ácida y sazonar. Calentar la salsa, revolviendo continuamente pero no dejar que hierva, porque se cortaría. Sazonar a gusto.

100 SALSA DE MANÍ
6 porciones

DORAR LOS MANÍES

Ingredientes

20 ml de aceite de maní
175 g de maníes pelados, sin piel y sin sal
½ cebolla, picada
½ cucharadita de ají molido
2 cucharaditas de jengibre rallado
1 cucharadita de azúcar negra
20 ml (1½ cucharada) de jugo de limón
375 ml de agua caliente
sal y pimienta

1 Calentar el aceite en una sartén y dorar los maníes.
2 Procesar junto con la cebolla, el ají, el jengibre, el azúcar y el jugo de limón hasta obtener una pasta muy suave.
3 Agregar agua caliente hasta que la salsa tome la consistencia apropiada. Pasar a una cacerola y llevar al fuego.
4 Cocinar durante 2 minutos, revolviendo continuamente para evitar que se queme. Sazonar a gusto, retirar y mantener caliente.

101 VELOUTÉ
Para 250 ml

DESGRASAR EL CALDO

Ingredientes

375 ml de caldo de pollo
20 g de mantequilla/manteca
20 g de harina
60 ml de crema (optativa)

1 Llevar el caldo al hervor.
2 Derretir la mantequilla/manteca en una olla pesada. Agregar la harina, batiendo y cocinar durante 1-2 minutos hasta que la mezcla esté espumosa y dorada.
3 Retirar la olla del fuego, dejar enfriar ligeramente y agregar el caldo, batiendo. Llevar al hervor, batiendo continuamente, hasta que espese.
4 Cocinar al menos durante 15 minutos y hasta una hora, desgrasando si es necesario. Para obtener una salsa más suculenta, agregar la crema y volver la salsa a la hornalla.

ÍNDICE TEMÁTICO

AGRADECIMIENTOS

Dorling Kindersley agradece a Hilary Bird por compilar el índice temático, a Isobel Holland por la lectura de pruebas, a Pat Albrurey y a Fiona Wild por la asistencia editorial y a Mark Bracey por la ayuda informática.

Fotografías:
Todas las fotografías son de David Murray, excepto las de pp. 14-15, 16, 18, 20, 66, que son de Jerry Young; las de p. 26, que son de Philip Dowel, y las de pp. 34, 58-59, que son de Martin Brigdale.